我的岁月静好

杨争光 著

杨争光

人民文学出版社

图书在版编目(CIP)数据

我的岁月静好/杨争光著. —北京:人民文学出版社,2022
ISBN 978-7-02-016359-5

Ⅰ. ①我… Ⅱ. ①杨… Ⅲ. ①长篇小说—中国—当代 Ⅳ. ①I247.5

中国版本图书馆 CIP 数据核字(2022)第 053676 号

责任编辑 刘 稚 向心愿
装帧设计 陶 雷
责任印制 苏文强

出版发行 人民文学出版社
社 址 北京市朝内大街 166 号
邮政编码 100705

印 刷 北京盛通印刷股份有限公司
经 销 全国新华书店等

字 数 98 千字
开 本 850 毫米×1168 毫米 1/32
印 张 6.875 插页 2
印 数 1—10000
版 次 2022 年 8 月北京第 1 版
印 次 2022 年 8 月第 1 次印刷

书 号 978-7-02-016359-5
定 价 65.00 元

如有印装质量问题,请与本社图书销售中心调换。电话:010-65233595

1

一

马莉说，德林我们离婚吧。

我看着马莉。马莉不再说话。她把脸扭向一边，低头看向她的鞋尖。也许什么也没看，目光没有聚焦，在鞋尖到眼睛之间的虚空里。

噢么，我说。

我看着她。我只能看见她的半个鼻子，鼻尖上毛茸茸的。

二

从第一次看马莉的那一刻，我就觉得我可以继续。看操场上的马莉，扔铁饼的马莉。看马莉和我做爱。马莉痛苦又享受的脸，头发摇来摆去，鼻尖上的绒毛细弱又固执。马莉和我结婚。马莉怀孕。马莉生下末末。我一路看过来。这很漫长，却是我喜欢的。我很上心。

有人说，要知道梨子的滋味就亲口尝一尝。这是不对的，很经不起推敲，也经不起检验，是诳语。

我更相信看。

如果是一篮水果，我会尽可能看。把它们扒拉开来，一个一个看，仔细看。看它们各自的色相。看透进去的阳光。看它们拥挤的情状，直到看出它们的味道。

水果不仅是吃物，也是看物。吃，远不能和看相比，吃出的仅是一种味道，看出的味道却要丰富很多。还要更为深刻，更为悠长。万一吃出酸涩呢？万一吃出一条虫子给你伸脖子扭腰呢？这是吃的不确定性。

水果是有表情的，表情里的味道不是吃出来的，稍有经验的人都知道的。我自认我是一个经验主义者。我相信看的经验。

看也是一种经历。抽身其外的看和身历其中是完全不同的两种经历。看会上瘾的，比如看书，看色情画报。偷窥是看的极端。

有谁愿意把身在其中的困难、麻缠、尴尬再重复一次么？至少我不会。我只是看，哪怕是灾难，我会抽身而出，看纠缠在灾难里各种各样的样态，不但不会惧怕，不会沮丧，不怨天尤人，反倒有一种愉悦，是一种享受，还可以无数次回味。这需要功夫，俗话叫“能耐”，我恰好有。

看破红尘。看穿世事。没有人说吃破红尘，吃穿世事。没有人这么说的。人都说看破红尘，看穿世事。

看是一种哲学。马莉不懂。

马莉不看我。

马莉说，德林我们离婚吧。

三

马莉鼻尖上的绒毛里有几星细汗。马莉的胸脯一鼓一鼓，和着她的呼吸。比平时看到的更显挺脱。

马莉在扔铁饼，给一位女学生示范。手背弯曲着，正好把铁饼弯曲在她的手掌里。马莉一连转了几个圈，没扔出去。马莉只是做了一个扔出去的动作。马莉的胸脯向前挺了一下，又收回来，就看见了我。

一年一度的运动会。教职工和学生，几百号人在操场上。喇叭里放着《骑兵进行曲》，不时有广播员报告新出的成绩。越是这种场合，越有利于看某一个人，不易被人发觉。我看着马莉。马莉也在看我。我就知道了我可以继续。

马莉说她知道我在看她。

我不知道我为什么会看马莉。马莉并不漂亮，甚至很平常。人有时候就会关注某个东西，说不清理由。路过的一块石头，墙上的一枚钉子。每次路过就会看那块石头，每次进屋就会看那枚钉子，也许是一个挂钩。只要在，就会看，量子论把这叫量子纠缠，也许叫量子塌缩，坍塌，我现在也没想过来。

我看见马莉放下手里的铁饼，走过来了，朝我走过来。我的目光也没有游移，看着她，从头发，到脚上的运动鞋，一直到她站在我跟前。

马莉：说吧，你有什么想法。

我：想法？

我没什么想法

马莉：你看我好多天了。

我：是不是?

马莉：我上课你也看，在教室外边。

我：是不是?

马莉：是不是!

我：想法?

马莉：对呀，你有什么想法?

我从瞬间的迷离里抽离出来了。

我：我没有想法。

马莉：没有么?

马莉盯着我，看了我好长时间。我能听见时间的声音。

马莉到底还是走了，剜了我一眼。我就知道了，我可以继续。

四

马莉在跑步，头发像雀儿一样，胸脯也是。

马莉不跑了。

我看着马莉走过来，站住了。她不看我，手叉在腰里，歪过头去，好像要看天上的月亮一样。

那天晚上只有星星。

那天晚上也没有教职工和学生，整个校园放假了，歇息了。

在县城的校园里可以看到很多星星。我能听见马莉的呼吸。

我走到操场的一个角落里，马莉跟过来。

我看着马莉模糊的眉眼。我伸过去一只胳膊，揽住马莉的腰，马莉没动，依然看着天上的星星。马莉穿的是运动裤，有松紧带的那种。马莉轻轻地噢了一声。马莉没想出声，我听得出来，是没把控住的出声。

噢！马莉的头扭向另一边了。

噢！马莉的脖子突然挺直了，要顶进墙里去一样。

我听着马莉把控不住的声音，直到有了一种从云上坠落深渊的感受。

墙根土台上的马莉好像没了生气。

马莉躺在土台上，眼睛越过前额，一下一下向上眨着，好像只剩下这么一点力气。星光下，马莉眨动的眼睛很清晰，睫毛也很清晰。我坐在她的身边，听着她轻微的喘息。

再看到马莉，是在她的单身宿舍。

五

太阳正在落山，阳光照在什么地方就给什么地方抹上一种红铜色。从窗户照进来也一样。照在马莉的床上也一样。

我说我喜欢看，马莉就脱了衣服，给我看她的身体。

马莉平躺着，两只胳膊随意地放在头的两边，和她的头发一样随意，让红铜色的阳光漂染着，更显出它们的质感。

马莉的皮肤很好,阳光里更好。马莉的头发像抽搐的金丝。马莉闭着眼睛。

马莉二十五岁，三年前财经学院毕业，会计专业，在省城打了几年工，没扎住根，就回到出生地，成了我的同事。

我扯着马莉的胸罩，马莉笑了一下，一只手伸到脊背底下，胸罩就兔子一样跳开了，阳光立刻扑上去，红铜一样的阳光。

马莉的身子微微抖着，好像很没有安全感，两个奶子像一对小心收拢着翅膀又随时会起飞的鸽子。我一上去，马莉立刻安全了落地了，无所顾忌，紧紧抱住了我的屁股。

我闻到了一种烤红薯的味道。

马莉不再控制她的声音。我扯下马莉仅剩的内裤。马莉比我还干脆，干脆蹬开了它。马莉的身体结实又有弹性，也许得益于她多年的跑步。马莉的身体又很柔韧，能很好地接受压力，又很好地反弹。高翘的乳房，平滑的腹部，像抹了奶油，大腿和小腿肚紧凑协调，胳膊也是。

总之，那一天，单身宿舍床上的马莉像一只成熟健美的母羊，任性撒欢，似乎有无穷的耐力。马莉确实没控制她的声音，她知道学校里只有我们两个，传达室的老头可以忽略，周末的职中校园比公安局清场还要干净。

马莉不仅让我尽兴，还很让我佩服。我给马莉说，真好。马莉笑着，脸上的红潮正文火慢烧。

我又给马莉说了一句：真行，你。

天已经黑结实了。我拉起马莉的手腕，把她从床上拉起来。马莉很情愿地让我拉着她的手腕，一会儿我和马莉就坐在了县城夜市的烤肉摊上。

六

马莉说，你还没亲过我呢。我说噢么，急了么，省略了。

马莉说不能啊，都说接吻比那个还紧要。我说噢么，那就捡回来，补上。

我没说我不喜欢接吻，我说噢么，亲么，就揽住了马莉的腰。马莉闭上眼睛，等待着进入情景。

我们没有成功。因为我打了一个嗝。

我不知道怎么就打了一个嗝，马莉听见了，睁开眼睛。我把嘴已凑到马莉的跟前了，又打了一个嗝。

马莉噗嗤笑了。我有些尴尬。

消除尴尬的最佳途径是让中断的动作继续。可是，马莉已经笑得拉不住闸了，摘胸罩一样摘开了我的手，一直笑弯下去了，用换气的机会向我解释。

马莉说，我没有恶意，我只是觉得好笑咯咯咯咯。

马莉说，我真的没有恶意哦哈哈哈笑死我了。

马莉笑出了眼泪。

我不再尴尬了。我等着马莉。尴尬的是马莉了。马莉擦着眼泪说不笑了不笑了笑死我了。

打嗝成了我和马莉的一个梗。我和马莉至今没有过成功的接吻，哪怕情之所至，要接吻了，马莉就会想起我的打嗝。会不会打嗝？马莉会这么想。这也是我担心的。马莉很沮丧。马莉说怎么搞成这样了？怎么会这样？马莉说越不愿意的偏偏在不该的时候冒出来，人是不是个怪物你说？我说是的你不用自责。

我没说我正好不喜欢接吻，也没说接吻是完全可以省略的一种性爱行为。

马莉学过数学，应该理解省略的意义。数学有一个省略法则，就是：没有省略，许多简单的计算也将无法进行。何况复杂的人类行为。

在经验主义看来，任何行为重复多次而且有效，就会成为习惯。习惯会隐秘地塑造性格。我和马莉的两性生活里没有接吻。如果婚姻失败，也不应归因于接吻的省略，就如同不能说数学是失败的学科一样。

不再发笑的马莉就势坐在地上，两手交叉，一下一下朝外翻折着，打嗝就翻篇了。

七

马莉叫了我一声，说，我不是第一次。

我说我知道的。我说马莉我知道你不是第一次，因为我没闻到你的体香。

马莉恍惚了一下。

我说女人的第一次，失去的不仅是处女之身，还有体香。我还说了，女人的体香是每个女人独有的，不会和任何人重叠。我具体说出了几种，薄荷香，酒香，青草香，也有小麦和尘土搅和着的一种，我叫作麦香。我说女人的体香和大千世界一样，无奇不有。

我也给马莉说了操场和宿舍。我说操场是开放空间，气味会即时发散，宿舍就不一样了，何况是住了多半年的单身宿舍。马莉好像有些失落。马莉又翻折了几下手指，说，你懂得真多。

我说，我爱看闲书。

马莉说你好像很不在乎。

我说我在乎的很少。

我没闻到你的体香

我没说烤红薯的味道。这种味道不太像一种体香。如果是一种体香,说出来也会有风险。人是一种很容易比较的动物,包括比较体香。多亏我没说。如果像接吻打嗝一样成为一个梗,就会是无法省略也难以逾越的那种。

八

县城的夜市集中在一条长街上，弥漫着澥水的味道。各种各样的声响聚集成许多个漩涡，时不时有一声啤酒盖儿被别开的脆响，提拔着漩涡往上升腾。也就是这澥水味和嘈杂声，这升腾的漩涡，证明着这座县城的心脏在跳动，呼吸正常，没有被白昼的死气沉沉窒息。

我拽着马莉的手腕赶到烤肉摊的时候，二哥和赵马关张黄一干喝酒的兄弟，已喝了两捆啤酒。他们就着烤肉喝着，等我带来好消息。他们知道不会有不好的消息。他们作为婚姻中人，同情我也羡慕我。他们同情的时候就说，找一个安稳了吧。他们羡慕的时候就说，还是光杆单着的好，神仙阎王都不管，爱和谁就和谁，太阳每天都是新的。他们知道我已阴了快一年时间，终于有了马莉，应该庆贺。他们打心底里为我欢呼，也为马莉欢呼，尽管还不知道我会不会和这位马莉安稳。

二哥用筷子别开了一瓶啤酒，递给我。又别了一瓶，招呼其他几位赶紧麻利。接连几声脆响，啤酒盖儿们滚下了马路牙子。二哥把一罐饮料推给马莉，说，马老师喝饮料。马莉说不敢不敢，就叫我马莉。啤酒瓶们碰在一起，又和喉咙们接龙，咕咚咕咚，加入夜市嘈杂的合唱。人到底还是动物，不管饮食翻新出多少花样，进喉咙下咽，和动物没什么区别。喉结上下滑动，滑下吃喝之物，并发出声响。

赵马关张黄取自《三国演义》里的“五虎上将”，与我们各人的真实姓氏没有关系。二哥也不是亲哥，他在家里排老二，又大我们一些，就叫了二哥。如果说还应该有一个刘皇叔的话，就该是老边，可惜老边落实政策回北京了。我考上大学的那一年走的。他送了我一个笔记本，我至今还保存着。说老边可以是刘皇叔，也只是就我而言，如果在二哥他们，刘皇叔也许就是我。刘皇叔成为刘皇叔是因为出身，身份，皇家后裔，我是因为学历，还有学历之外的知识。

九

所以，我也是有影响力的人。

县档案馆至今还保留着我初二时的一篇作文。我考上师大哲学系，就更加重了那篇作文的分量。档案馆的馆长亲口告诉我，他把那篇作文装在了一个专门的档案袋里，要永久保存，会在某个场合展览也说不定。

二哥他们也知道那篇作文。在二哥他们的心目中，我仅次于已知的那些伟大人物，而我更亲切，就在他们身边。他们就是这么认为的，说崇拜也不算过分。

我们这儿的人有个好处，就是，敢于把那些重大又光鲜的词语用给他们看重的身边人。

我也没让他们失望。一句“人生的荒诞”就会让他们瞪大眼睛，满是震撼的光芒。无意义。无价值。必须死。黑洞。量子纠缠。没有谁会在乎人类。上帝已经死了，因为已失去活着的理由，剩下的只是人的选择。诸如此类。他们好像听懂了一样。

每一次聚会他们是当然的买单者，我是我们中唯一的食客，绝对纯粹。

边先生在的时候，买单的是边先生，从我初中到高中毕业，一直持续了六年。

边先生痴迷于汉语言文字的源头。有一次我去他的单身宿舍，满屋子没他，转身才看见他蜷缩在一个墙角。我吓坏了，以为他肚子疼，要过去扶他。他站了起来，他把自己的手和胳膊捆绑在脊背后面，用的是捆扎铺盖的绦子。我问他，你咋做到的？他说他在实验。他相信“四”字的源头有捆绑的意思。他还说，词源学必须追究类似的问题。他就是这样的人。他终于要回北京了，我去和他告别，去他的单身宿舍。铺盖已捆扎好了，就是那条军用绦子，草绿色的，捆扎铺盖也捆绑自己。他正用茶缸喝水。他只喝白开水。凌乱的宿舍空空荡荡。他说绦子就不送你了，对汉字你毕竟没我有兴趣。

他送了我笔记本，黑色封皮的那种。

他说是给他自己买的，一直没用。他说他讨厌红色，偏爱冷色，黑色是冷色的极致。他就是这样的人，1957 年的右派，“文革”中只专不红的臭老九，发配到和他没有任何毛关系的我们这儿，80年代平反，90年代回了北京。

我对汉字的兴趣就来自他。我是他唯一可以交流的知音，在我初高中的六年里。

平反后，他的工资在县城人看来高得离谱。他从不积蓄，不结婚也不恋爱，是个怪人。我和他的往来也是我的加分项。二哥他们都知道他，都叫他“边先生”，也喝过酒，却没有什么实质性的交集。在二哥他们看来，边先生是我的独一份。

他们都不缺钱。他们没有学过荒诞和唯物主义，却都赶上并抓着了挣钱的机遇。物以类聚，人以群分，他们都有各自的聪明。二哥几乎是生意场上的不倒翁，做过多种生意，有过许多的坎，每一次都能起死回生，是他们中最有钱的。

二哥的起根发苗得益于二嫂，医院的护士长，好像吃了止长的神药，脸上的春色多年不变，停在十八岁一样，还是才女，喜欢写诗，汪国真的那种，偶尔也有聂鲁达那样的，“我要对你做春天对樱桃树的事情”这样的。管土地的副县长说二嫂应该生在北京，更适合的工作是在人民大会堂。我们都认为副县长说得对，火眼金睛。

二哥是县城第一拨集资做房地产的，现在迷上了明清时代的老房子，他买下来，打包卖给外地人，也包括省城人，有一院竟卖给了美国人。

二哥也试图在省城发展，那一段时间时常请我喝酒。他很快又没有了刚来时的雄姿英发，手握着酒瓶却忘记喝酒，目光迷离，往窗外看，愣愣的。我说喝啊二哥。二哥从恍惚中醒来，说，噢么，喝。他到底又回到了县城，没有了那种心不在焉的恍惚。他说世界很大，属于自己的只有一点，抓住这一点就抓住了所有，这话没有太大毛病，是省城给他的馈赠，甚至也引起了我们的共鸣。

在省城，我是芸芸众生之一，虽然不曾有二哥那样的恍惚，却也实在像阿甘捡起的那根羽毛，飘起落下，没人在乎。这也是我喜欢回到县城的原因，不仅仅是因为工作的需要，一年回去几次，做上班的样子。

十

他们更喜欢我说《金瓶梅》。

中国的书我偏爱老庄的，还有《金瓶梅》，尽管我不认为《金瓶梅》比《红楼梦》更好。还有一本《老残游记》。

我当然知道哲学和《金瓶梅》，形上和形下各自的作用，以及对它们怎么样综合使用。在他们为我和马莉祝贺的时候，马莉还荡漾着单身宿舍里激情的余波，弥漫的潲水味和嘈杂的漩涡已经升级成一座县城入夜后的亢奋，合适的是《金瓶梅》而不是哲学。老子庄子太过虚无，不适合这样的场合。《老残游记》写贪官和清官，贪官嗜财，清官嗜血，清官比贪官更可怕，适合另外的氛围。有人说《红楼梦》是写爱的，我不这么看，就算写爱，百般千样的爱终成空，不合我此刻的心境，即使吃喝玩乐，也只是给吃喝玩乐缀上雅的装饰，包括吃药，雅吃雅喝雅玩雅乐，终了还是一个太虚幻境。要说吃喝玩乐，《金瓶梅》就实在得多，实实在在的声色犬马，实实在在的吃喝玩乐。

我咽下一口啤酒，给他们背诵了一段书中对潘金莲的描写：

眉似初春柳叶，常含着雨恨云愁，脸如三月桃花，暗藏着风情月意，纤腰婀娜，拘束得燕懒莺慵，檀口轻盈，勾引得蜂狂蝶乱；玉貌妖娆花解语，芬芳窈窕玉生香。

我完全是即兴起意，却恰合其时。不管是对二哥他们，还是对马莉。其实是移花接木，把《水浒传》转接给了《金瓶梅》。

我还发挥了一段。

我说，兰陵笑笑生和中国古往今来的文人墨客一样，对女人的认知多在眉眼容颜，没有细致体察过女人的身体，对女人的描述就成为辞藻的堆砌，殊不知，每一个人，尤其是女人，每一寸皮肤都是有欲望的，每一个器官也是有欲望的，五官是女人的语言，皮肤和器官更是，更能说出女人的心声。对女人，不仅要解开纽扣，还要有耐心，就像中医的望闻问切一样，望出其根本，闻出其原质，问出其寒热虚实，才能切到她们深藏的美感，混合着原始与现代，野蛮与文明，天性与修养，欲望与克制。每个女人都不会雷同，却又能相互沟通。我说，要体认这些个，眉眼上的风情是不够的，更要有解开纽扣之后的耐心与细心。潘金莲应该是中国最有名的女人，每一个中国女人都和潘金莲有着或多或少、或隐或现的关系。那一段文字对潘金莲的描写，说到底，还只是画皮。我还总结了一句，我说中国人呀，中国人对女人的认知还有很长的路要走。

哇——嗬！很长时间握在手中一动不动的啤酒瓶们，抑制不住兴奋，齐齐举了起来，碰在了一起，马莉的饮料罐也没例外，碰出一个高速旋转的漩涡，在潲水味里节节上升。

我更是说给马莉的，所以注意了用词，尽可能不显粗鄙。

马莉心领神会，低头细嚼着烤肉，脸上的微笑荡漾着春色。回到学校，我送马莉到她的单身宿舍，马莉脸上的笑还没有褪去。

马莉说，你知道得真多。

我和马莉又做了一次。空荡荡的校园，马莉的那一声叫唤，要死人了一样。

十一

我抽烟只抽中华，软装的那种，别的烟一根不抽。就是说，有软中华的时候我是抽烟的，没有软中华的时候我是不抽烟的。

我不关注烟的来源。

就我抽烟而言，心想事成这句话是没毛病的，是经验主义的。参加某个有钱人的婚礼，讲排场，就会摆中华烟。既然能摆中华，也就摆软中华了。一顿筵席的时间，很少能抽完摆上桌的软中华。主家也不会让这样跌份没面子的事发生，如果真抽完了，就会喊人扔过来几包。这样的状况毕竟不多，也不可能发生在每一桌上，不多费主家多少钱，既显主家的慷慨，也给喜欢抽软中华的客人行了方便。

这样的筵席，县城比省城多。二哥他们几个结婚的招待烟都是软中华，三天不倒牌子，像商量好的一样。如果请客吃饭有官员在场，大都是软中华，很少有贵而不实惠的所谓天价烟，也不会出现烟抽完酒饭还在进行的状况——这样的饭局，省城比县城多。

二哥他们知道我洁身自好式的抽烟，喝酒聚会哪怕是一次闲聊之后，我都会有软中华，尤其是二哥经常会拿过来一条，抽剩的都归我。二哥也给他们几个说过，德林抽烟嘴刁，只抽软中华，好在我们都能供得起。二哥说了这话以后，县城的聚会就都清一色的软中华了。

刚到省城的时候，我的烟经常断顿，很快又接续上了，因为我接续上了过去的师兄师弟师妹。还有，省城有钱人毕竟比县城多，也就增加了我和软中华相遇的概率。

我从不买烟。我更愿意把不买的原因归于假烟太多，也承认我这样的工薪阶层抽这样的烟是一种奢侈，奢侈毕竟不是必须。

是出门时的一种风度，

是孤独时的一个朋友。

我部分认同这两行咏香烟的现代诗。

事实上，我一个人的时候很少抽烟。

我一个人抽烟的时候更像一次注视，有时候我会猛抽一口，然后，看燃烧后的软中华由红变灰，成为真正的灰烬。然后，我把灰烬弹进烟灰缸，或者抽水马桶旁的纸篓。这很像我的做爱。我常常也会在做爱之后抽一根烟。我不会说和我做爱的女人已经燃烧成灰烬，被我弹进了烟灰缸。我最多会说，我让香烟代替已燃烧过的她继续燃烧。我觉得这样说会有一种诗意。

二哥他们请吃请喝慷慨大方，怎么就想不到，我真正缺少并真正需要的不只是软中华，我更需要一套房子。

他们怎么就想不到呢？我有时会这么想。尤其是我不再挂单，和马莉结婚以后。县城职中生意惨淡，没有分房的可能。不断攀升的房价多年前就让我断了买房的念想。我只能等待家里拆迁的补偿款。

和马莉领证的当天，我就搬进了马莉的单身宿舍，成了一个有家室的人，却并不意味着我丧失作为儿子分得一份拆迁补偿的权利。这也是后来在省城的我买一套房子的唯一指望。

还在县城的时候，我本可以和马莉在家里住，马莉不愿意。

我爸说，你哥你姐你弟都出去另住了，只有你住家里，你觉得好么？我只能说不好。

我爸说，就是就是，家里给你们一人一间房子是逢年过节住的，不是常住的。我说我知道了，我无所谓。

我是真的无所谓。所以我没有压力。压力属于有所谓的人。即使拆迁补偿成了一个事件，省城买房的希望破灭，我至今背着无能的黑锅，都没让我感到压力。

马莉是有压力感的，甚至认为她也承受着我应承受的那一部分压力。在说德林我们离婚吧那一段时间，曾说过我：

你看着一个女人承受压力，看着她承受所有的压力，你好意思呀？

我不认同。

我说，所有的压力么？

马莉说，不是么？

我说，你说的压力不是背砖头、扛面粉吧？我说，一个人真正的压力是不可转嫁的，就跟真正的痛苦不可能分担一样，所谓的分担只是一时的宽解，该你承受的，还得由你承受。我说，我知道你有压力，我看着你在承受，并没有转过身去不看。我说，我从不挑剔饭菜，我反对你为我添置新衣，更不热衷更换新上市的手机，这些，你认为是什么？不是分担？是我的懒惰？

我说，我只是不感到也无所谓压力而已。

也许，我是那种对压力无感的人，也害怕和有压力的人发生交集，尤其是把压力挂在嘴边、吊上眉眼的人。

十二

马莉坚持要在省城妇幼保健院生产。

马莉知道二哥二嫂已经给她安排好了，我说过的。马莉说二嫂也是在省城住院生产的，没有在县医院。一句就把一场原可以很温馨的谈话说死了。

生末末出院后，马莉就住进了一套租来的一居室。去医院前就收拾好的，婴儿车都买好了。

为了留在省城不再回去，马莉报考了研究生，考上了。她带末末，读研，给多家公司做代账会计。我们两个几百公里拉扯几年后，我也报考了研究生。师大新传院一位副院长是老乡，也是师兄，他知道我的实力。我也证明了我的实力，重点突击了几个月英语，就成了师大新传院纪录片专业的研究生。毕业时，电视行业夕阳西下，我就去了一位师兄的广告公司做策划，兼纪录片、专题片撰稿，计件工资，有一搭没一搭，可坐班也可以不坐班。这符合我散漫的天性。

我是非全日制读研，毕业后和职中校长交涉，保留我的编制，基本工资和所有补贴学校和我各得一半。我每学期回去做做样子，完成硬性考评就行。马莉生末末享受完产假后，就和职中撇清了关系。马莉一直做代账会计，得益于她本科的专业，和读研的专业不搭，只是名头光鲜了。她没说过读研的专业，她可能已经忘了。

马莉是稳定的,我在县城和省城两边游走。两边都像过客。也有人这么说过，我听了只是一笑，噢么，我说，对世界而言，所有的人都是过客。这是我乐意的，受点麻烦，也有所得。

我是有单位的人，我有基本的生活保障，理论上也会有将来的退休保障。

我和马莉波澜不惊，有了末末后，开销应该大了许多，马莉却从没说过，我也从不问这些，交工资就行。我交多少，马莉接受多少，不说多也不嫌少。也许马莉有些怜悯我。职中和广告公司的工资，我都会放在一个信封里，交到马莉的手里，或放在厨房外边的小餐桌上。这时候，马莉会给我一个笑。我愿意把马莉给我的一笑理解为会心的一笑，就像在夜市听我说潘金莲的那种。

马莉很注意我的感受，不触碰我脆弱又在意的地方。她从不问我在广告公司的业务。我从县城回省城，她也从不问职中的这个那个，好像职中和她从来就没有过任何的关系。

我给马莉说过她的单身宿舍，我说，你的单身宿舍终于拆掉了。马莉说，是么?

马莉不看我，往阳台上一件一件晾晒着末末的小衣服。

马莉是稳定的

马莉的应答是礼貌性的，没有完全忽略我的存在。

马莉依然保持着她母羊一样饱满的体能，不只在床上。

十三

马莉想换大一点的房子。

噢么，我说。

我无所谓同意或者反对。这是马莉的事情。所以，每一次说起，我都“漫应之曰”：噢么。

那天又说到了房子。

马莉说，你的工资不够。

又说，我们的收入没法换一套大房子。

我本想说大不大与够不够都是相对而言的。我没说我在看书。

马莉准备洗澡，把自己脱光了。

马莉说，哲学好像没用。

马莉冲我笑了一下，进洗漱间了。

我听见马莉拉上了印有茉莉花的塑料布帘，打开水龙头。

我捏着书里正要翻过去的那一页，听着洗澡间一阵阵清脆的水声，想着洗澡的马莉，马莉的话和马莉说话的表情。

我翻看的是哈耶克的那一本《通往奴役之路》，许多年前在职中时就买了，是一本政治经济学著作，与现代哲学也能搭上关系，和许多书一样，曾经引起过喧哗和骚动。马莉读过这本书？在她读研的时候？有可能。她读的专业在经济学大类里。

马莉并不反对我读书，甚至喜欢我喜欢读书。马莉是嘲笑我的阅读太过滞后？还是这本书太过务虚？还是这一类的书？我猜想着马莉。

洗漱间的水声停了，马莉出来了。用毛巾捋着头发。

马莉说，纪录片好像也没用。

又冲我笑了一下。

我说，噢么。你还想着换房子？

已包好头发的马莉好像突然长高了许多，短衣短裤，她从我的身边走过去，走到冰箱那里，拿出一盒冰淇淋，坐在厨房外边的小餐桌跟前，用舌头舔着，用小勺剜着。

马莉说，没有。

马莉说，我买了一辆车。

我说，是不是？

马莉说，本田，合资的那种。

我说，噢么。小心抵制日货，被人砸了。

我看见马莉猫一样趴着，眼睛越过冰淇淋的纸盒，看着我，沾着冰淇淋的嘴唇，也像猫。

想吃冰箱里还有，我给你拿。

我不看马莉了。我翻了几页书。

可没意思了，我说。

我把那一本哈耶克放上简易书架，去广告公司了。

我反身拉门的时候，看见马莉的眼睛还在纸盒后边，她一直看着我，沾着冰淇淋的嘴唇像受了惊吓一样，微张着，不再动弹，像猫的嘴唇。

十四

我去接末末。是周末。我要抱起末末，末末拉着我的手，说太挤了爸爸，太挤了。末末说的是公交车。末末拉着我的手摇着，说我好羡慕同学。末末说的是接她同学们的私家车。汽车降价后，省城的私家车一夜之间多了几十万。

末末上二年级。末末已习惯了不说我很羡慕，说我好羡慕，不说我吃了，说我有吃。

末末歪头看着被小汽车一个一个接走的同学，说，爸爸咱们家为什么没有小汽车？后边带着一个“呀”。我说，你问过你妈妈没有？也带了一个“呀”。

末末说，问过呀，妈妈不说话，只给我笑。

又说，妈妈说会有的，说不定哪一天就开一辆小汽车接末末了。我问妈妈，爸爸接还是妈妈接？妈妈说也许是爸爸，也许是妈妈。

马莉真买了一辆。租了一个临时车位。车钥匙放在厨房外边的小餐桌上，不言自明：马莉不用的时候我是可以开的。我有驾照，在职中时就拿了。那时候不用考试，找驾校办个手续就行。我练手上路开二哥他们的车，那时候都这样的。

我不觉得非让末末上重点名校有什么必要。马莉说不能让孩子输在起跑线上，不但要重点名校，还要兴趣班。英语是必须的，钢琴绘画舞蹈都是高大上，幼儿园就开始了。知识和房价相反，节节贬值，获取的成本越来越高。

不合规律的经济让经济学显得尴尬又可笑，和越来越多的研究生出校门面临的尴尬一样。哲学也成了被鄙视的一个学科，唯一的用处可能就是用来发牢骚，说风凉话。

哲学的尴尬比经济学还要早。马莉和我是最先面对尴尬的一批次。

我读研完全是因为马莉读研，并不觉得尴尬。马莉说我是城里人的思维。马莉说不能让末末尴尬，投资越大，付出越多，尴尬的风险越低。这接近于一种赌徒思维。我和马莉说过。

我不能只看书，总要和马莉说点什么。

十五

马莉说她看不懂这个世界了，好像很沮丧。

我说，都不懂啊。

我这么说不是为了安慰马莉，只是顺着她的话说。我想说话了。

我说，买股票的不懂股票，搞企业的不懂经济，管学校的不懂教育，其他的不说了，这几样都与你有关。你问你代账的那些公司老板，懂经济吗？红火只是三五年，挣点钱，再赔进去，本来好好的，终于整出了窟窿，有的万劫不复，上吊的，跳楼的，喝老鼠药的，好点的跑掉了，到天涯海角，跑不掉不愿死的，就当死狗，要钱没有了，要命有一条，这样的你应该也见过几个吧？

马莉说哟哟，我说了一句，你说都不懂，又说这么多，你是懂还是不懂？

我说，我懂点理论，这是看书的好处。你好像有买股票？

我也习惯了这种句式，不说你买股票了，说你有买股票。

马莉不好意思了，说，我买那一点能叫买股票？是岔心慌。

我说，想挣钱就是想挣钱，非要说岔心慌。岔心慌有好多途径，用不着花钱每天提心吊胆看着电视上的 K 线是不是？

马莉说你看你看，让你说就严重了。我就是岔心慌，没准也能赚点钱。马莉说全世界的人都想赚钱，就你不想。

马莉说，我说看不懂世界也包括看不懂你。

我说我很单一啊，看书之外所有活动的所得，都是为生存，只有看书在生存之上。这么一说，我的单一又不单纯了，就像丰富也会庞杂一样。我说，每个人的一生，包括你我，都是由单一到复杂再到单纯，我只是单纯得早了一点，或者说，我很早就省略了庞杂。

“荒诞”已经过时，《金瓶梅》的魅力是永远的，却也不能只说《金瓶梅》，尤其和马莉。

我也说了那个现在已很知名的故事。

我说你也许知道那个钓鱼的故事。全世界的大款们四面八方千里万里旅游到海边，给一个蹲在海边钓鱼的老头出主意，让他加班加点提高效率，多钓鱼，然后买渔船，机帆船，从浅海到深海，钓更多鱼，成立渔业公司，当老板，成为有钱人，享受人生，去旅游，海滩，蓝天白云，碧水，风光无限，日光浴，让皮肤也尽享无限的风光。为什么不呢？他们说得把自己都感动了。钓鱼的老头说，我从小就这样啊。海边，垂钓，蓝天白云，日光浴，脚指头每天都风光无限呢。

就这个故事，应该是杜撰。上初中时边先生讲给我的，上大学时许多人都知道的，研究生时想起这个故事，找来文本读了，想改成一个短片，像纪录片一样的。导师看了我的文案，写了两个字——消极，前面又加了一个“太”字。你也听过吧？

马莉说她听过，也看过，在甘肃出版的那一个《读者》上。

无数人都听过的，我说，无数人都想着多钓鱼，去浅海，再深海，殊不知去了深海却回不到海滩了。这是一个欲望的故事。更多不是文学的，是哲学。文学只是载体，是驮碑的乌龟。

就因为有这样的阅读和解读，我保持着在马莉心目中永不衰减的形象。还有二哥他们，还有省城的师兄师妹们。在我的社会关系中，我有这么一张有限却够用的有效证券。我创造很少的实用价值，是因为我拥有的证券还在务虚阶段，只能内部转换，要实现全部价值，甚至价值扩张，似乎很渺茫，但谁也不敢断言绝无可能。因为人类历史已经证实过它的可能。在人人都用钓竿钓鱼的时代，孔子是丧家狗，很快，又成了我们的先哲。现在的人类虽然已经离开了海岸，还在浅海和深海之间。这涉及历史哲学，可以写成多卷本历史专著。

马莉说，你可以写么？写啊！

写书又是去浅海钓鱼了。我愿意在海边。

这样的交谈总这样结束。马莉在认可又不服气之间。

马莉说，比尔·盖茨也是俗人了？乔布斯？

我说，大愚若智，把老聃的话反过来。

马莉说，俗就俗呗，做具体的事儿挣钱养家改善条件提高生活质量，总没什么错。

她承认了俗。

有朋友同事问到我，马莉常说的一句是：他爱看书。

这样的回答可以给人无边的想象。

十六

直到马莉说她讨厌翻书的声音。

是在一天的半夜。马莉翻来覆去睡不着，像毛囊里钻进了虱子。我一直在看书，一如往常。马莉不时翻身的声音影响不到我，包括翻身时发出的一声声似有怨恨的叹气。实在想睡着又睡不着的时候，人就会这样。马莉是有压力的人，马莉要做许多家公司的账，还要不被查出半点差错。还有末末，哪怕一次作业，每天的英语单词，事无巨细。还有家务。最不显劳绩毫无成就可言的一种劳动。

我不能因为马莉的翻身就起厌烦，这点觉悟我还是有的。当然，也要不让马莉的翻身和似有怨恨的叹气影响到我的看书。只要她还在翻身，没有坐起来。

马莉终于煎熬不住了，坐了起来，呼一下，险些吓我一跳。我是有心理准备的，因为这样的状况已连续几个晚上了。她到底熬不住了，呼一下坐了起来。我好像被吓了一跳那样，抬起身看着马莉。我觉得这时候的我，就应该像被吓了一跳。

我看见马莉的脸像烧红了一样。

马莉怎么啦?

马莉使劲摇着头，痛苦得要哭一样，要哭出声来。

怎么了马莉？马莉，嗯?

马莉摇着头，使劲摇着头。

马莉说，是我的问题是我的问题，我怎么就听不得翻书的声音了？我说的是你，翻书的声音。

是不是?

我放下手里的书。

是不是?

我把书放到了床头柜上。

是今天晚上么?

马莉使劲摇着头。马莉说不是，不是……

我不知该怎么问马莉了。

我说，我翻书很慢啊，声音很小啊。

我这么说的时候也是很小心的口气。马莉正在痛苦里。我说了之后就看着天花板，手指头不由自主地抠着脚指头，在脚趾缝里轻轻搓着。

马莉终于让自己平静下来。马莉好像下了决心。马莉说她讨厌书页被翻动的声音，越听不得，越讨厌，越听得清晰，像在心上划拉一样。马莉极力给我说明这种讨厌很没有道理，她知道很没有道理，她也曾经是爱书的读书人。

我说，你要是真讨厌我翻书的声音我就不翻了，我不在家里翻我去公司翻。

我给马莉说过，公司给我单间办公室，去不去都给我留着。我写策划做文案，要参考流行时尚也要用一些冷门的知识。师兄也知道我是一个爱看书天天都在看书的人。

马莉说，不是不是，我不是这个意思，我说不清是什么意思。

我说我能理解。我说你大概只是讨厌你听见我翻书。讨厌我翻书和讨厌听见我翻书是不一样的。

我不确定马莉听进去没有。我还说了，在家里，一切都属于你。我只爱看书，做书虫。

马莉突然兴奋了一样，说：

对对，不是翻书，是蛀虫，虫子一样，滋啦滋啦，把虫子啃书页的声音放大了几十倍，在心上划拉。

我说，其实人至今也还是一只虫，一条虫，一种虫，虫虫。

马莉好像在回忆一样，仰着脖子，说：

我在你翻书的声音中入睡，我在你翻书的声音中醒来，我离开，我穿过街道，穿过人群和车流，穿过白天，到夜色降临。我再穿过街道，穿过人群，穿过顺畅和不顺畅的车流，进电梯出电梯，开门，然后，再听你翻书的声音……在深夜里，我再次入睡……哇！我这是在写诗么？

我有些害怕了，害怕马莉就此神经。我取过那本书，拿到简易书架跟前，从上边取下许多本书，和那本书一起，抱到了广告公司。

我在那套一居室的家里看书的时光就此结束。

很少在家看书的我也就逐渐减少了在家的时间，也就避免了许多因为手足无措不知如何安身的尴尬。马莉不许末末看电视，我因此早已与电视几近绝缘。我可以看手机。手机里的花样越来越多，可是，看手机容易和无聊和消磨时光牵连在一起，哪怕是正经的阅读。看书就不会，看书在正经和严肃的人生一边。就算不认为手机阅读是无聊是消磨，是和看书一样的阅读，也会弄出声音。要是马莉也听不得手机的声音呢？

周末的时候，我会陪末末做题，或者讲故事。末末已不满足听书上的，要听书上没有的。我能编，编不好，总让末末不满意。

师兄很高兴我能天天来公司坐班，哪怕只是看书。公司的小青年很惊讶我书虫一样地看书，都是他们听过或没听过，想读又望而生畏的书。我几乎要让他们高山仰止，景行行止了。

再晚我都会回家，回到我和马莉的家。如果马莉已经入睡，我就在黑暗里把自己脱光，揭开被子，鱼一样溜下去。

十七

我也曾想过发达。是二哥他们对我的刺激。不是刺痛，是刺激，冰水浇头打一个激灵的那种。从梦中惊醒，从麻木无感的状态里激活，突然就对世界产生了一种欲望，很具体很清晰，就是拥有财富。

财富不在负极，其所以给人负面的印象和评价，是因为获得的方式和途径。

我清理过我的思想，对二哥他们拥有财富我是欣赏的。我不是不欣赏他们对财富的拥有，是不欣赏也不屑于他们的不洁，说肮脏也不为过。可是，全世界，古往今来的财富有哪一笔是干净又高尚的呢？没有，一笔也没有。至少，我知道的没有。君子爱财，取之有道，是给老实到愚钝的人听的。取财之道在于无道，说无道之道也是一种道，是说道的歪与斜，比如豪夺的种种，巧取的种种，尤其所谓的巧取。

洗白这个词，说的不是皮肤也不是衣服，而是财富，甚至是专指财富。

如果不洁，我宁可没有。我不说出口，是不愿伤到二哥他们。这也是二哥他们高看我一眼的原因，即使在他们都发达之后，甚至称我“精神贵族”。

来来来，跟我们的精神贵族喝一个。

二哥他们有时就会这样和我碰酒。

所谓精神贵族，也包含着穷酸的意思。我也知道我并不比他们优越的原因。我有些穷酸的低物质生活，又使二哥他们能够和我平衡，甚至高出我一截，比我更有优越的资格。

德林抽烟嘴刁，非软中华不抽，好在我们都供得起。

二哥他们的慷慨里，也洋溢着他们的优越。

要拥有就只能不洁，要干净就一定穷酸。这一财富的等式在现实世界里是不变的，适合每一个如同传奇一样的财富故事。每一个财富的拥有者都心知肚明。

你就是懒。二哥这么说过我。

你不是没有脑子，你就是懒。

我懒么？

只有我知道我的症结。我不是真懒，是我永远的迟疑给了他们懒的假象。

我只是惧怕。惧怕负债。惧怕失败后的无地自容。惧怕没完没了无穷无尽的应酬。惧怕在每一个细小甚微处，走钢丝一样平衡必须平衡的各种关系。各种关系又可笼而统之为一种叫作权力的东西，掌握这种权力的又都是一个一个俗不可耐的庸人，几乎无一例外。

我为什么要绞尽脑汁维持呢？我为什么要绞尽脑汁和他们维持呢？为了生存之外的财富？生存的含义就是俗话中的活着，而活着的需要是极其有限的，活好是活着多出来的部分，可以是无尽的。没有多出来的那一些，就一定没有乐趣么？没有享受？看呢？看世界，哪怕看活好的人，看他们活着活着，活好了又活不好了，不行么？不可以么？在一个只相信活着的人的眼里，没有高低，没有贵贱，看到的每一个人都是芸芸众生，大大小小的官僚是，教授也是，人大代表政协委员也是，他们在折腾，是折腾着的芸芸众生。说折磨也成立。

我懒么？

有一个词叫“佛系”，说的是某一种人。我不是佛系，我不在他们里边。

这几年又流行一个词，叫“躺平”，也说的是某一种人。我也不在他们之列。如果硬要把我推进他们里边，我就更愿意把躺平看成一种姿态。与其不干不净地折腾，不如躺平，至少在世俗的意义上还不是一种罪过。

不是所有的人都有愿望。这句话的意思并不排除曾经有过。有过，放弃了，随遇而安。看云卷云舒，花开花落，正是古人的一副联句。

我懒么？

我只是拒绝折腾。

十八

第一次看见末末，末末是一个包裹。

护士递给我一个包裹，说：女儿。

包裹上吊着一个牌子。

这就是末末。末末在这一个包裹里。末末闭着眼睛，没有呼吸一样。

我拨开包裹，看着无声无息的女儿，她和包裹重叠在一起。我想记住女儿，忘掉包裹。

想让事随人心是一件多么困难的事情。我不行。

我不记得我和护士说过什么。我接包裹的时候应该很小心，怕接不好，怕它从我的手里跌下去。我也不记得我接包

末末是一个包裹

裹是在产房外还是病房外，护士抱给我，我接过来，抱到马莉跟前。病床上的马莉坐起身，脸色苍白。我拨开包裹，和马莉一起看。

末末无声无息，闭着眼。小嘴唇像鲜嫩的蒜瓣儿。

我和马莉的目光相遇了，在包裹的上边。马莉有些疲倦，努力给我一个笑。在很多时候，马莉都会给我一个笑。我想，马莉是最先包这一个包裹的人，包了她一生中最用心、最费周折的一个包裹。

护士又过来了，要抱走包裹。我给了她，给的时候也很小心。我和马莉都看着护士抱走了包裹。然后，我坐在马莉的床边，不知道该做什么了。

我想我应该做点什么。我就剥了一个香蕉，递给马莉。

不错，我说。

马莉点点头，在香蕉上咬了一口。

包裹。我想的是那个包裹。我想我把香蕉皮扔在了墙角的垃圾篓里。我没注意房间里住了几个产妇。我听见有人走来走去，影子一样。进来出去的是护士，也影子一样。

我很讨厌我老想着包裹。上帝给你什么是已经定好的，你无法调换，哪怕是想象里的。那就好吧，包裹。

末末是马莉生产前就起好的名字。

我说末末。

马莉说念起来会让人误解成沫沫，方言里有碎渣的意思，还有泡沫。

我说，就末末，听起来卑微，细想却不。末梢，末端，也是顶端，和英、颖相通。

马莉说，有好多人家的孩子用了。我说，马莉，莉莉，也有这一层，叫末末的妈没几个叫马莉。马莉哦了一声，说，那就茉莉的茉。我说茉莉的茉只有一个意思，末更丰富。

马莉又哦了一声，说，好吧，末末。

我和马莉知道是女儿。二嫂给马莉照过 B 超。我说我无所谓男女。马莉就完全放心了，用手摸着隆起的肚子，时不时就摸。

就成了一个包裹，礼物一样。由护士转交给我，像一种仪式。

她会丰富起来的。

事情正是这样。包裹丰富起来，在我的眼跟前，一天一天。

爹地——末末这样叫我，你能不能给我一点有用的东西?

末末解释了好多句，终于让我明白了，她说的有用其实就是字面的意思，就是当下有用。

你不能只给我读书。你可不可以给我感情?将来不会再有的那种，末末说。

正上四年级的末末。你给我读的书我将来也会读啊,她说。在她的思想里，感情是分时段使用的一种东西。

末末是对的。

我问她，谁让你叫我“爹地”?

电视上，她说。

上幼儿园起，末末看电视就被限制了，没看过多少。

没看过不等于完全不看。稀罕的东西更容易入心。

我不喜欢末末叫我爹地，听着硌硬。很快又习惯了。

你可不可以给我感情?将来不再有的那种。

是四年级的末末。

就因为末末的这一句话，我会像多余的指甲一样被剪掉么?

十九

我喜欢剪指甲。看书，剪指甲，手指甲和脚指甲。从什么时候开始已经说不清说不准了。有了指甲剪以后吧。不管坐在什么地方，我都会不由自主地脱鞋，摸脚指头。这实在是一种让人生厌的习惯。也有人提醒过我。

人无法左右别人讨厌或不讨厌自己的某个习惯动作，做到不冒犯应该可以。我有意识控制了近一年，效果明显。在家则没有控制的必要，至少我认为没有必要。马莉要说什么了，我开始剪指甲。这么多年，我和马莉的许多次谈话就是在剪手指甲或脚指甲中完成的。

马莉喜欢涂指甲。末末长大些了，就拉着末末和她一起涂。或者，末末要涂了，她跟着末末一起涂。末末是马莉最上心也最倾心的，花多少钱多少时间都行，只要她有。

我不知道马莉要把末末引向何方。上全市的重点名校，不惜让末末寄宿，一周接一次。然后呢？进重点名牌大学。然后呢？读研读博。然后呢？最终呢？有没有叫作重点工作的职业？有没有某个被称为重点老公的和末末结为夫妻成就家业？看马莉的劲头，好像有。

末末很优秀，钢琴早过了所有的考级，校庆时表演过。马莉拉我去看，看得我险些流出了眼泪。险些，没流出来。马莉的眼泪流得很干脆，稀里哗啦，抹在脸上的妆容也稀里哗啦的，还要失声痛哭一样，让我对喜极而泣有了最直观的感受。

末末已初中生了，不再听我讲故事，不再叫我爹地，不再问我能不能给她即时享用的感情。她甚至可以和我讨论一些问题了，时不时会说，爸爸你老土了。初中生毕竟还不是成人，对父亲还无法感同身受，即使是她的父亲。

我是在剪指甲的时候想到这些的。

我一个人，马莉和末末都不在。

二十

马莉说她想哭。

那天送末末回来，马莉没做账，也没拖地，也没洗衣服。进门扔下车钥匙，就躺在床上看天花板。手随着胳膊，随意地放在床上，放在头发的两边。这是我熟悉的身姿。她好像有些疲惫，好像很疲惫。健硕的母羊也有疲惫的时候。这也是我逐渐熟悉了的情态。从什么时候开始？忘记了。马莉时不时就显出疲惫的情态，不只是躺下来，站着、坐着的时候也会。说她想哭则是第一次。

她说，我想哭。

我正在看书。那时候马莉还没说她讨厌我翻书的声音。马莉说我想哭，我就开始看马莉了。马莉把身子扭了过去，知道我会看她，不愿让我看她的脸一样。

我看到的只是马莉的脊背和屁股。疲惫的母羊从哪一个角度看都不具有美感，哪怕穿着连衣裙。

我说，是不是？

疲惫的马莉好像用牙齿咬着她的嘴唇，眼睛一眨一眨。疲惫的马莉不说话的时候就会这样。这也是一种隐忍。隐忍是一种让自己难受的美德，近于自虐。

我说，如果忍不住就不妨哭出来。

马莉没有哭。马莉呼一下坐了起来，却不看我。

你根本就不关心我，马莉说。

马莉的声音很轻，好像说的不是我一样。

不对吧马莉？我说。

马莉说，就是。

我说，在你想哭未哭的时候，我愿意看着你哭出来。你说我不关心你，还说就是。

马莉没听我说话一样。马莉说，你不关心我的感受。

我说，每个人每天会有无数个感受，你也是。我说，只要我看到了，我都是关心的，包括你想哭，证明我是关心的。

我说，你感受不到是因为我的关心不是你想象中、你想要的那种关心。

没关系的，我说，你喜欢、你认可什么样的关心，你可以告诉我，我可以试着去做，毕竟一个人不是另一个人肚子里的蛔虫。

马莉说，你不关心我为什么想哭。

我说，一个人想哭可以有多种原因，不哭出来的原因往往单一，很容易看穿。

我说，在忍和不忍之间，我主张不忍。想哭就哭出来，这符合健康之道，笑比哭好，哭出来比忍住不哭好。你是女人，比男人有更多的体验。

我说，哭吧马莉，哭出来。

我满怀期待，期待马莉哭出来。

没你这样的！马莉说。

我立刻给马莉一个愕然的表情，是要告诉马莉，她好没道理。我只能是我这样的，不可能是另样的，包括马莉想象的那样，希望的那样。事实上，这个世界上我这样的很多，我并不是独一份，如果真是独一份，倒成稀珍了。

马莉到底没哭。马莉抱过来几个账本，到小餐桌跟前，把车钥匙推到一边，坐下做账了。我也就打开书，从中断的地方接着往下看。

二十一

遗忘是一种本能，也是一种技巧，更多的时候是二者的混合。遗忘也是一种卸载，和卸载一个软件或一个 App 一样，由于是技术性的，在需要的时候就可以把卸载的东西再下载回来。技术性的遗忘常被人诟病，称之为选择性遗忘。可是，又有谁能够厘清哪一个遗忘是本能的自然性遗忘，还是人为的选择性遗忘呢？人痛惜遗忘，指责遗忘，又获益于遗忘，是遗忘的受益者。

我不会诟病遗忘，也不会为遗忘负疚。对我来说，善于遗忘并享受遗忘的果实，最切近的是和马莉，和父母，和兄弟姊妹，还有二哥他们。能纠缠在一起，纠缠成爱人的样子，亲人的样子，朋友的样子，不全是因为相爱相亲，也因为遗忘，否则，也许早成路人了。相逢一笑泯恩仇，就有遗忘的力量。

经验告诉我，对马莉，用笑最有效果。对父母，我多用点头。对兄弟朋友，我多用握手，握上去一只手，再捂上去另一只。一握手，又是朋友兄弟。一点头，又是骨肉父子。一个笑，又是好夫妻，进一个被窝了。

一定要做的不一定常说，未必做的却不妨经常念叨。这不是政治家的专利，普通人也适用。做成事实和烧成灰烬没什么本质区别，面对灰烬能怎么样呢？能做的只是接受，不愿接受之后还是接受。

我接受一切，然后，他们接受我。就连他们的不接受我也接受。马莉的，父母的，兄弟姊妹的，朋友的，还有，末末的。他们的愤怒，他们的失望，甚至他们的厌恶。

马莉可以厌恶到去洗漱间对着马桶呕吐，这时候，我就跟进去，给她递抽纸，一张一张递，方便她一边呕吐一边清理被呕吐扭曲的嘴唇。然后，所有的抽纸都被扔进了垃圾篓。暴风雨已经过去，风和日丽。

所以，我不觉得活着有多么艰难。痛苦可以远离。在黑暗的地方也能看见光，说这话的人不一定有这种能力，我有。看不见光就把黑暗当成光，瞎子固然不幸，却拥有这种常人不会去拥有的特技，我愿意拥有这种特技。

经验告诉我，如果抽身出来，把自己当成一个观察物，痛苦就会消失，甚至，会化茧成蝶，蜕变为快乐。隔岸观火的人也许能理解我说的是什么。望洋兴叹干脆就是一首诗。

所以，我对马莉的怨艾虽不能感同身受，却可以照单全收。

理解只是一种愿望，接受才是实在的，能落地的。

我愿意每天呼一声："接受万岁！"

二十二

三十多年前，对坐在我家门口的我来说，二点五公里之外的县城是每到傍晚时就会点亮的一堆灯火，是一种莫名的激动，看着看着就会升起跃跃欲试的冲动，一个飞跃，跳进那堆如梦似幻的灯火里，成为其中的一盏。

二十多年后，我们家被县城席卷进去，成为县城的一部分。土地变成了金钱。老屋重盖了一次，尽量和不再是村庄的城市社区般配。

有几年我一直奇怪，我家的屋檐水再也结不成长长的冰溜子，像一根巨无霸冰棍一样，让我一截一截掰着吃，吃出那种无须漂白处理的自然水的味道。后来我才知道，是因为全球气候变暖，城市膨胀的激情没有那么高的温度。

最让我父亲愤怒的就是城里的水。这位曾经的铁匠，以他的倔强拒绝饮用。他说，我不喝药水。说得很直接。他的倔强连一天也没有扛过去。因为人们的解劝，更因为渴。

他说，城里什么都好，就是给人喝药水不好。

他说，人能吃喝的水有两种，一种是水，一种是药水。他很快就习惯了自来水，也习惯了城里人的生活。

他说，城里什么都不好，就是挣钱利索。他把新盖的门房开辟成一家日用品商店。

他说，日他先人乡下种地，赔着身子还赔钱。

他说，城里开个窗口，人在躺椅里，摇着扇子也挣钱。

他早已不说他的打铁了，分田到户后，就把打铁的整套家伙收起来，专心种地了。曾经的铁匠像穿过的鞋一样，被扔进时间的尘埃里，只是不像鞋袜一样腐败，以至于无影无踪。铁匠的家伙还在，横七竖八倒卧在上下二楼的各个角落里，落上了厚厚的土灰，有的还结了蛛网。

铁匠大大，人们还像以前一样这么称呼他。也只有在这么叫他的时候，也才能透露出这位铁匠的后代，也曾是赫赫有名的铁匠，他的一丝一缕。

二十三

还是乡下人的时候，对乡下的真实感受是粗糙，是简陋，是单调，是无法逃离的乏味和无聊。几十年后，回想已经消失的村庄，却不再粗糙，不再简陋，也不再单调，反倒有一种有些温暖又有些忧伤的诗意，想重新回去。不是回到那种生活里，是回到那种诗意里。我甚至怀疑，真正的生活是没有诗意的，诗意只在臆想里存在。

所以，诗是一种艺术，而不是生活。

或者，诗是生活之外的一种生活，是城里人去乡下住在民宿里的几天度假。

再去吃屋檐下的冰溜子，不会有回忆里那种自然水的滋味。这种味道是在经历足够的生活之后，时间和距离给予的。

二十四

县城人有做生意的传统。很久远的时候做过盐，做过茶叶和布，还有皮草，从明朝一直做到清朝。二哥打包卖给外地有钱人的几院老宅，就是那个时候留下来的。它们和新城市的规划不搭调，正好卖钱。

县城人也有革命的传统。支持过反清复明，支持过革命党，也支持过后来的国民党和共产党，还有救亡，用他们能够付出的一切，包括暴力。革命和救亡加起来，才是他们暴力的全部。所以，县城人也有暴力的传统，是血性，更是为生存。

县城人的历史证明，传统可以是多种多样的，也是可变的，因时而异的，也可以丢弃，也可以再捡回来，捡回来再丢弃。

二十五

老宅子不合新风尚可以拆卖，对城墙则是推倒。这符合城与市的天性。

城是有城墙的，是与生俱来的。市可以没有。

当市像葱一样从城里疯长起来，成为一个又一个不断膨胀的、不断扩张的有市无城的城市，布满整个国度，原有的城墙就会成为拘束，成为羁绊，就必须推倒。它表达着一个国家的率性与激情，几十年间，所有的城和镇都经历了和这种率性和激情遭遇的命运。突破城，市才能获得生长的自由，满足扩张的野心。

人心不足蛇吞象，市也一样，因为是人的市，注入了人的欲望。而对财富的欲望，又是全民性的。谁都想拥有财富，都有财富的欲望。这种欲望通常被称为人民群众对美好生活的向往。欲望的人，欲望的城市，墙脚的一棵草也是有欲望的，人和城市都成了激情喷发的饕餮，凶恶贪吃的野兽，在久经饥饿之后，吃，吃，吃，吃多饱还觉饥饿。没有谁会顾及这样的吃法会带来什么，会积攒下什么不好的后果，吃的激情覆盖了一切。

差异始终存在，一开始就有，伴随着整个过程。许多人如愿以偿，更多的则成为他者上升的台阶。

运气也很重要，一片土地和土地上的人能有不期而遇的命运，只取决于一点，即，你恰好在这儿。

我们村，一个叫雀儿咀的村子，恰好在县城的东边，二点五公里，县城的扩张又恰好是朝向东方的。一扩一张，再一扩一张，雀儿咀就被裹了进去，雀儿咀的土地就不再生长庄稼，改生各种各样的店铺了。雀儿咀的村民也不再种地，成了卖地入城的新市民。

没有了城墙的县城，更新和扩张永无止境。我父亲对拆迁补偿的欲望也呈现膨胀的态势。扼制甚至扼杀我父亲膨胀的欲望，是膨胀的城市更新和扩张的一个前提。就这么，县城和我父亲，不可避免地形成了一种对峙的紧张关系。

马莉不能忍受县城的生活，先对峙，然后逃离。我父亲不会逃离，他正在对峙，要在对峙中消解这种紧张。

二十六

马莉背对着我。我能听见马莉的呼吸，马莉眨眼睛的声音。我在马莉的身后。

我把手伸进马莉的内衣，从脊背向前胸巡游。马莉一下一下眨着眼睛，我能听见。我的手要去高处了，马莉的手按住了我的手。

我不想，马莉说。

马莉说我不想。

这样的情形已出现多次。马莉也许会按住我的手，也许不会，任我的手在她的身体上巡游。

我不想，马莉说。

马莉的不想也许会成功，也许不会，她会利索地由侧身转为平躺。

来吧，她说。

这样的做爱还要把释放的轻松转化为愉悦，必须有抵抗尴尬和自嘲的能力。除了吃喝拉撒，其实也包括吃喝拉撒，人的能力大多是后天养成的，需要巩固，直到成为一种貌似本能一样的自然行为，熟练的技能都是这样的。是行为，而不显技能。

我没有用多长时间。我从马莉第一次说我不想，到我和不想的马莉做成房事，大概不到一年。机械技能和精神技能是不一样的，后者比前者要复杂很多，每一次都会有变数，需要长年累月，所谓修炼说的应该就是这个。机械技能只需要一次，一次实现就可以一劳永逸。

马莉的“我不想”可以有多种原因，马莉的责任却不可推卸。马莉有责任配合。这种为责任的配合有利于克服尴尬。何况，并不是每一次都必须配合。何况，也有马莉愿意的配合。

我不想，一次。

好吧，不想。

再一次，再再一次呢？

马莉利索地由侧身转为平躺。

来吧，马莉说。

事后回想，开始的时候，马莉一直睁着眼睛，直直地那么看着我，看着我劳动。然后，就闭上眼睛，很疲倦，眼睛再不睁开，直到这一次的了结。

有时候，马莉既不平躺过来，也不说来吧。马莉什么也不说，任由我在她的后边这样那样，好像纯粹是我一个人的事情，与她无关。这样的性事是不堪回味的，要回味也是索然无味。

也有过中途又平躺过来的时候。马莉很疲倦的样子，闭着眼睛，一直到我升到高处，然后跌落。

一种疲倦的施舍。

一种疲倦的尽责。

怎么能知道马莉始终都不想呢？能问马莉么？开始不想，到中途又想了？马莉也是凡胎肉身，不是铁板一块，她和好结仇了么？

问马莉，马莉能说么？

二十七

我和马莉从不吵架，因为我拒绝吵架。比如，马莉说，你总是有理，没理也会找一个出来。

在吵架的人，从这一句就会吵起来。我不会。我不认为马莉要和我吵。马莉只是在“说”，我接着往下说就是了。我耐心地给马莉说，一直说到她明白。

我说，能找出来就证明它有。如果没有，就是神仙也找不出来的。

我说，人要讲理的意思，至少有两层，一个是“讲”，讲就是说的意思，讲理就是说理，把理说出来，不管这个理是从哪儿来的。还有一层，就是“认”，认什么呢？认理，服理，以理服人。

我说，面对事情，人和人由不认可到认可，由不认同到认同，由不和谐到和谐，至少有两条路径。一条是以情动人，事情事情，任何事里都有情的，所以叫事情，或者叫情事。啥都不说了谁让咱是哥们儿呢！谁让咱是同胞手足呢！谁让咱是夫妻呢！谁让你是我爸我妈我哥我妹呢！这就是以情动人，撼动的动，不是感动。真正的感动一定有理在，也就是我说的第二条路径，以理服人。越亲近的越应该讲理、认理，谁都能想通，事实却偏偏是反的，越亲近的人越不讲理，情感绑架就是这么来的。情通理不通。情通只是一会儿，情随事迁，又不通了。

我问马莉，我说，你有没有遇到过情感绑架？父母？兄弟姊妹？朋友？闺蜜？

马莉说，咋没有啊，多了去了，我一个闺蜜也没有了，就是因为情感绑架。

我说是啊，情感绑架的名分是很高的，能够成功是因为情感，结果还是闹掰。和父母和兄弟姊妹没有闹掰，是因为没法掰，是因为还有比情感名分更高的血缘。事实上，也有闹掰了的，父母子女老死不相往来，怨恨成寇仇。所以，我说：

马莉啊，还是要认理，理通情更通，通情达理，到理这儿才是彻底的，不会情随事迁，通又不通。

我说，讲理的人也是真正懂情感的人，也不会绝情。

我说，绝情的人只会在重情的人里边，因为只重情，所以绝情。

我说得快要为我的说辞感动了，也快要佩服我自己的口才了。

两个人面红耳赤，唾沫飞溅，不一定是吵架，而是争论。争论和吵架是不一样的。争论可以打太极，你说你的，我说我的，不一定要争出个一二三来，更多是要给看的人看的。吵架是真正的两个人的交锋，针锋相对，环环相扣，步步跟进，会伤筋动骨的。一会儿的吵架很可能有无穷的后果。

化解吵架可以向争论学习，把两个人的互相接招演化为各自的太极。这听起来好像很玄幻，很扯。事实上，两派学者的争论正是这样的，争来论去，就争成了教授，论成了研究员。吵架则会适得其反，谁又会给整天吵架的人颁发教授资格证呢？事实上，每个人也都是这样的，一生都这样，和这个争，和那个论，很热闹，到头来却发现，一辈子和他在一起争的论的只是他自己，一个人的太极。看起来热闹，感到热闹，是因为有交集，而交集不是遭遇。

马莉和我吵不起来，哪怕马莉有挑衅的故意，也会被了无痕迹地消解。我不给她发泄的机会，让她故意的挑衅成为一种自言自语。马莉气死也吵不起来的。

二十八

有一个时段，马莉总觉得空气不够呼吸。

喘不过气了，马莉说。

我说，是不是?

我在空气里抓了一把。

马莉说，空气越来越不够呼吸了。

我又抓了一把空气。

空气好好的么，我说。

你长呼吸，深呼吸，把气吸到肚脐眼以下，停一会儿，再呼出来。我给马莉说。

马莉没像我说的那样深呼吸。马莉去洗漱间了。一会儿，我闻到了香烟的味道。

马莉从洗漱间出来后，我问马莉：

你抽烟了?

马莉没回答我的问话。

马莉真抽烟了。开始在洗漱间，后来公开了，只是不当末末的面。

她抽的是一种叫“柔和七星”的细支烟，混合型的，我闻着有点呛。马莉从不抽我的软中华。

马莉又一次抽烟的时候，我也点了一根。是夏天，马莉穿着那身碎花短衣短裤，光脚趿拉着拖鞋。马莉平滑又健硕的腿。我看着燃烧的烟头，说：

抽烟需要氧气的支持。

马莉好像没听懂我的话，看着我，然后，好像懂了，说：

噢么。

我有点诧异，歪头看着马莉，说：

你也学会说噢么了?

马莉说，噢么。

马莉蹬掉拖鞋，把她的一双光脚放上了椅子，紧挨着她的屁股，左手横平在两个膝盖上，右手举着烟，胳膊肘在左手背上。她看着夹在两根指头之间的燃烧着的“七星”。

抽烟需要空气的支持

马莉说，抽根烟反倒不觉得空气有问题了。

如果要我在马莉的身体上找一样最好看的，我首选马莉的手：胖乎乎的，无骨，修长而暄净，观音菩萨的那种。

我说，女性偶尔抽根烟也挺好。

也挺好？马莉说，也挺好的“也”是啥意思？

我说，就是字面的意思。

我给马莉笑了一下。

我说女性偶尔抽根烟也挺性感。马莉说我可没想那么多。我说性感不性感和自己想不想没关系。我说，过去不抽烟的男人少雄性，现在不抽烟的男人是惜命，证明现在的人重视生命安全了。

那天，我给马莉说了很多有关香烟的知识，还说到了一本洋人写的《香烟的故事》。

我说，中国是烟草大国，少有人写这样的书。中国人只管抽烟，不想烟是怎么回事，会有什么样的故事和可能发生的故事。政府只管收税，也不管这些。马莉只是听，不言语。也不摇头或点头。我相信马莉是爱听这些的。

二十九

有一天，马莉说她要洗衣服。

我有些诧异，马莉洗衣服从来不说的，最多说，把你的衣服脱下来，那就是要洗衣服了。那一天，马莉说：

我要洗衣服。

马莉天天洗，洗了一个礼拜，把过去能找出来的全找出来，压根不再穿不能穿的，都洗。每找出一件，她都要放在鼻子底下闻一闻，然后，扔进洗衣机。包括职中时的那一套运动服，残留着那时的气息。房子里，阳台上，挂满了衣服，各种衣服，万国旗也没它们丰富。这些年，会有这么多衣服！这间屋子，会塞进这么多！都是我和马莉，还有后来的末末穿过的，一件一件买来的，一件一件洗过多次的。

生活是一场没有终点的马拉松，细想会让人惊叹到无语，会让我无语地阅读那一套港版《金瓶梅》。

那些天，我在挂满衣服的屋子里，伴着洗衣机的轰鸣，开始阅读没有删节的《金瓶梅》。二哥的朋友托人从香港买了一套，溜过了海关检查。二哥给他介绍了我，又把我介绍给他。

他说好啊好啊，你就是那位传说中的“书神”。

我说，书虫书虫，一只书虫。

他说，有意思有意思，果然。

他就把那套港版《金瓶梅》借给我。他说他看了几页，没时间看，竖着排的，一半字看起来面熟，就是想不起在哪儿见过。他说，还是听你讲，说你讲得好。我说我想读是因为这一套和我看过的《金瓶梅词话》不一样，我说我一直想读一套港版或台版的。

我说，一位很厉害的教授作家，名牌大学的，专门新写了一本书，说《金瓶梅》比《红楼梦》伟大，我刚好看了。教授作家肯定是用没删节的《金瓶梅》和《红楼梦》对比的，我也得看看，刚好就碰到了你的这一套港版。

在公司看这样的书会引起小青年们的误解，虽然不乏好奇。刚好马莉要这么洗衣服，我翻书的声音和洗衣机相比可以忽略不计，所以，那些天，马莉疯狂地洗衣服，我惬意地看书，真是一段好日子。

洗完衣服，马莉又洗床单被罩了。我听见马莉说你把书放一下，帮我抻床单。

马莉把床单的一头递了过来，我就放下书，和马莉抻床单了。

被洗衣机蹂躏过的床单。

我和马莉像装了弹簧一样，一抻一松，扯着柔软又湿润的床单。我从来没有抻过这么多的床单，不知道抻床单可以是一种很性感的情感性劳作。我和马莉抻了床单，再抻被罩，竟抻出了愉悦和激情。

床单和被罩要晾到楼顶上。

马莉去楼顶了。我听着马莉上楼的脚步声，忘记了坐下去重新看书。没有了床单被罩可抻，我的手空落落的，怅然若失，直到马莉从楼顶回来。

我看着马莉。我想说的没说出来，就看见马莉给我笑了一下。

马莉说，我想了一下，我上楼下楼一直在想。我想，这恐怕是我们结婚后最像婚姻的一次愉悦。

是的，我说，我也觉到了。

我说，还有要抻的么？

马莉从滚筒里取出了枕巾枕套。

有一双袜子从枕巾里掉了出来。

我说，也抻了吧。

我和马莉就抻了那双袜子。

然后，我就和马莉顺势而为，有了一次做爱，直做到马莉从一只健硕的母羊成为一只疲惫的母鹿。

然后，马莉就睁着眼睛躺着，一声不吭。我看了好多页书了，她还那样，一直到夜半的时候。我正要翻过一页书，马莉坐了起来，把身体移到床边，两只脚找到了两只拖鞋。

马莉说，德林我们离婚吧。

马莉就是那天夜半时给我说的。在我们有过最像婚姻的一次愉悦之后。马莉说，德林我们离婚吧。

马莉不看我，看着鞋尖。

我说，噢么。

马莉还看着她的鞋尖。

我说，我瞌睡了。

我说着就躺下去，睡了。

马莉洗了个澡，换上睡衣，躺在我身边，和我拉开了那么一点距离。

我自己给自己笑了一下。马莉完全没有这个必要嘛，即使要离婚。

马莉什么时候睡着的我不知道。第二天醒来，马莉已出门了，小餐桌上放着我的早点。我吃过早点，想了一下昨天晚上发生的事情，然后去了公司。

公司里只有小陈一个人，空荡荡的。

我问小陈怎么就你一个？

小陈说，今天青年节啊老师。

公司的小青年们都叫我老师。

我说噢噢，过得没日子了。

我泡了一杯茶，小陈走进来，从她的背后闪出一束鲜花，说，节日快乐！

我说，我还是青年么？

小陈说，是青年。

我说，没花瓶啊。

小陈说，你这么好的笔筒只有两支笔，太浪费，我一直觉得浪费。

小陈抽出两支签字笔，拿着笔筒和花出去了。再进来，笔筒就灌上了水，成了花瓶。那束花上，也满是水滴了。

我说，你把浪费变成浪漫了。

我问小陈咋不和老板他们一起去山里踏青过节。

小陈说本来要去，又想，也许你会来公司，就说不舒服，不去了。

三十

我是先看见车震的视频然后车震的。

一辆路虎车，前不着村后不着店，在公路旁边不停摇晃，不知会发生什么事情，我耐心等待着，结果是，视频结束了。

完了？我问。

完了。二哥说。

我说，看不懂。

二哥说，车震啊！

我说噢噢，出什么问题车会这么震？

二哥啊哈了一声，说，你也有老土的时候啊！说，就知道你不知道，才给你看。然后，就给我讲了车震，说，一男一女在里面耍起来，车就会这么震。

我说，你和二嫂真能耍！

二哥说，和你二嫂就不在车里了，越说你越土。

二哥说这也是现代化，潘金莲和西门庆咋风流也没法有这种体验。

二哥说这些的时候，我不知道怎么就想起了公司的小陈。

小陈第一天来公司上班，我刚好在。师兄把小陈领到我办公室，说，小陈，新来的研究生，在电视台实习过。

人说人不可貌相，人看人却免不了以相貌开始。小陈最特别的，是她丰厚的嘴唇，是鼻子和嘴唇间茸茸的汗毛。不知哪本书里说，这样的女人性欲超强。

小陈眨了下眼睛，说，老师你多教我。

小陈的眉毛很疏朗，边缘的像栽进去的一样。

师兄给小陈说，这位老师博览群书，你跟老师从读书学起。

小陈是外省人，毕业后想留在省城，住合租房。我礼拜天多来公司以后，偶尔会见到小陈。

一个师妹结婚，也是礼拜天，我很想开车去，就要了马莉的车钥匙，开了那辆本田，拉了小陈一起去。师妹嫁了一个富二代，婚礼很排场，有茅台软中华的那种。那天因为小陈在，我没拿桌上的烟，回来的路上，小陈从她的小包包里拿出了一包，放在我手边，说，我看你平时抽的就是软中华，桌上有人拿，我就给你拿了一包。我说噢噢。

我边开车边和小陈闲聊，很容易就聊到了孤独。

小陈说，老师你有时候会不会感到孤独？

我本想给小陈说说孤独和寂寞的不同，却又顺着小陈的话势，说，是人都会的，尤其现代社会。孤独是一种现代病，人越多越热闹，人越感到孤独。有一本书就叫《过于喧嚣的孤独》。

小陈说，我时不时就会感到孤独。

我看了小陈一眼，小陈的脸上氤氲着落寞。

我说，这会儿……也是？

小陈好像点了下头，眼睛从前窗玻璃看出去，看着向后闪去的道路，道路两旁的绿树。

我也看着道路和树，一直到南山底下。

我停下车，问小陈，还往里开么？

小陈看着我，没说话。我就继续往里开了。

我把车拐到了路边的一块空地上，熄了火，世界一下安静了。

从北郊到南郊，再到南山，我开了两个多小时。车在草丛里，不远处就是密集的树林，看不透，树和树之间是金黄色的阳光。我把头抵在方向盘上，看着坐在副驾驶位置的小陈。

我说小陈你是不是紧张了？

小陈抱着她的小包包，要点头又摇了一下头。

我拆开小陈给我拿的那包软中华，弹出来一根，点着，吸了一口。

我说，小陈你把小包放一边，让自己轻松起来。

小陈有些慌乱，不知把小包包放在哪里，就放在了身后。

我说，还是不轻松么？

是怎么和小陈说到车震的我记不起来，总之，我问了小陈知不知道车震。小陈是知道车震的。小陈有没有经历过车震，我没问。

车震并没有想象和说的那么好，很不舒展，也许是因为马莉的本田不如路虎那么宽敞。

我又抽了一根软中华，小陈坚持要用打火机给我点着。

回到城里已很晚了，我和小陈吃了夜市，好像是麻辣烫。

车震虽然不如夜市的麻辣烫实惠，却更容易让人想起。

三十一

偷情有一种不道德的美感，和文艺美学研究的所谓邪恶的美、狞厉的美异曲同工。如果不认同，也可以称之为不道德的刺激。这种刺激更多不在情感，而在精神和心理。

追求并享受刺激，也是人的天性。百万富翁改不了小偷小摸，非惯性使然，而是刺激的引力。

两性频频开房，难有迸发的激情，是因为刺激机制的缺失。一份两性问题问卷里有一道提问：深爱的人被人强奸，你见到爱人最可能的第一个冲动是什么？有人选择“扑倒她，和她做爱”。这是一种接近本能的应激反应，也是一种从最隐秘处瞬间迸出的心理、精神和情感补偿，其中有对刺激的享受，道德无力加入。这也是激情的一种，与爱无关的一种激情。

那一天我没开车，公司太不保险，小陈说和她合租房的室友出差了，几天后回来。我就和小陈去了她的宿舍。小陈从不要求什么，这是人的进步，我想专意为此喝个半斤，尽管那段时间我的胃有溃疡。

我和小陈的每一次分别都像一首诗，不亚于我读过的这一类经典的精彩段落。从脱衣服到穿衣服的整个过程，会解构所有的诗意，这也正是经典们略去的东西，所以才是经典，也是情色如《金瓶梅》之所以入俗而丧失其经典的原因。

三十二

从小陈那里出来，我没急着坐公交。我想一个人走走。

天已傍晚，下起了小雨，正是我希望的那种天气。

我走在无声的雨里，是夏初的街道。每一棵树上的每一片叶子都还充盈着春的生气。还有雨，那种蒙蒙的细雨，拂去了行人脸上和身上的倦怠，使他们变得水灵起来，轻快起来。尤其是穿裙子的女人，眼睛比浸上雨水的脸更显生气，水格盈盈的眼睛不再是臆想，而是写实。往来的车辆不多，行人也很快少了，三三两两的，好像给雨里的街道腾地方一样。我想起了读过的一行诗句：雨水打湿的街道多么荒凉。荒凉还是冷清？还是荒凉好。熙熙攘攘也是一种荒凉，不该生长的东西怎么生长造就的也是一种荒凉。

这么想着，就到了一个十字路口，就看见一个穿裙子的女人，打着花伞，正在过马路。然后，就是车祸。

就是那个打着伞过马路的女人。长头发，身段苗条，一辆轿车撞倒了她。

嘭一声，是撞倒她的声音，撑开的花伞脱手而去，车轮从她身上轧过去，没有丝毫的犹豫。我正好在斑马线的另一头，离她十多米的距离，能听见车轮轧过她身体的声音。我噢了一声，看见她坐了起来，愕然地看着离她而去的那辆轿车，好像要努力明白发生了什么。然后，嘭一声，又一辆轿车冲过来，撞到了坐在斑马线上的她，弹了两下，从她的身上轧过去。和前一辆轿车一样，没有丝毫的犹豫。

我又噢了一声，就听见周围多个方向发出的一声声哟！哟！轧人了！

我看了看周围，也有人不发声，看着被轧到躺平又蜷曲的女人，匆匆而过。也有人在拍视频，没有交警，没有人过去，都在看，不发声。

有人说，快呀！

不知说的是啥意思，让谁快？

我朝说快呀的方向看过去，看不出谁说的。我再看斑马线，看后续会发生什么。

太突然了，每一辆轧过去的车都很突然，没有人能够想到。

噢，又一辆。

斑马线的女人像被车轮带起的一样东西，翻了几个个，长头发和裙子被扯起，又落了下去，几分钟，五辆车。她滚出了斑马线，一动不动了。

可怜的人。几分钟之前还想着过马路，终于没过去。

然后，交警到了。吹着焦急的哨子，对车辆打着手势。有人喊打 120 啊赶紧！这就是我离开时看到的。

堵车了，街道不再荒凉，我也不再走路，就近上了一辆公交汽车。我抓着扶手，回想着轿车轧过女人的情景，像轧过一个包裹一样。我突然想起了包裹，第一次看见末末，不一样的另一个包裹。嘭，撞上去，软而又沉的那种声响，倒了。咯噔咯噔，包裹被带起来。咕噜咕噜，翻个儿了。咯噔，咕噜，包裹。遮太阳也遮雨的那把花伞已离她有些遥远，什么也不遮了，翻过来，伞把儿直戳戳朝着落雨的天空。

和我一起上车的，还在给乘客讲述着车祸的情景。我的思想被突然想到的包裹占据了。就不想往下想了。咕噜的连衣裙和街道就渐渐遁向远处。

三十三

回到家，马莉蹲在小餐桌旁边的椅子上，正在看手机视频。马莉接连“咦”了两声，说，复兴路撞死了一个女人。我说噢么。马莉说太惨太惨了！刷屏了！你赶紧看！

我说，我正好路过，看到了。

马莉一脸惊讶，说，是不是?

不看手机看我了。

马莉说，是不是?

我说，我去看朋友，回来正好路过，碰上了。

马莉说，网上一片骂声，现场那么多人，没长人心的，人人都在看，人人都不管。

我说，怎么管?

马莉好像被我问住了，看着我，直眨眼睛。

马莉说，什么怎么管！有一个人管也许她就不会死，还有救。马莉说,第一辆车过去,她都坐起来了啊！也许有救啊！

马莉说，你看她坐起来了?

我说，是啊。

马莉说，明明还没死啊！也许有救啊！

我说，第二辆车接着就上去了。马莉说是啊是啊，几辆车都是畜生，都该枪毙。马莉说视频底下的留言都爆了。我说留言的都是不在现场的。马莉说，现场的人都该坐牢，什么人啊都！非人，畜生。

我说，我就在现场。

马莉说啊啊啊?马莉瞪大了眼睛，定定地看着我。

我说，你以为我在车上看到的?我没在车上，我在那一块儿倒车，正好看到了车祸，是现场目击者之一。我说，骂现场人不施救的，都是站着骂人不腰疼的，他们在现场就会上去救么?拉她起来么?人工呼吸么?下着雨，灯光昏暗，突然之间，第二辆呼一下就上去了，不会一起轧在车轮底下?

谁知道第一辆车轧那个女人是事故还是故事？谁知道几辆车没关系还是有关系？

我说，做道德婊容易，做真君子难。南京判了一个现场施救的女医生，全国人民都知道，你不是也知道么？人工呼吸还有流氓嫌疑呢！

我这么说了一串，马莉不再激愤，也不再对着我惊愕，泄气了一样，瞪大的眼睛缩回到正常，不再看我，也不再说话。

我说，我想吃点东西。

马莉到床上去了，依然不说话。

我说，放心，如果是你，我就会上去的，不管有没有第二辆、第三辆，也不会问我流氓罪。

马莉还是不说话。马莉在看手机。

我给我冲了一碗芝麻糊。

我觉得马莉应该说话，马莉不说话，屋里的空气是拧巴的。

我说，视频很快就会删的，不信你等着瞧。

我吃喝的时候，马莉终于说话了。

视频已经被删了，马莉说。

噢么，我说。

拧巴的空气立刻顺畅了许多。

三十四

人不能在一棵树上吊死，这只是一种说法，一种愿望。也是一种自以为是。以为可以和命运决斗，并能赢过命运。事实上，总有一棵树不知不觉地跟随着你，等待你的发现，发现你一直吊在它的上边。你以为你走得很远，最终还是没有走开，一直在它上边吊着，直至吊死。

家就是这样的一棵树。

每个人都有这样的一个家。你走开了，时不时又会想着回去，哪怕每一次回去都很失望，失望到你发誓不再回去。你还是会想起，会回去。走着走着你就会发现你已经走到了家门口。

我说的是有父母的那个家。

还在我们兄弟姊妹绕父母膝下呼爹唤娘的时候，这个家是很实在的，希望总多于失望，呵斥和打骂里也能感受到呵护。从我们先后成家立业那天起，这一个家就越来越是一个象征性存在了。我们逢年过节回去，一家人在一个屋檐底下，也会像以前那样呼爹唤娘，却不再有那种融融的暖，融融的亲，似乎只是要证明这一个象征性的家并非完全虚妄，也还有它的实在性。比如父母，其实也仅仅是父母。有一种叫作责任的东西维系着我们，使我们的每一个都成为这个家里的家人。这里不再生长希望，希望在各自的那一个家。对父母的依赖已经被怜悯取代。

当爱没有了依赖，只有怜悯的时候，爱本身也会成为怜悯的对象。尽孝的意义更多不在尽孝，而在尽孝者，即，我在尽孝。这实在也是一种报应。

在父母不再是强壮的给予者，成为孱弱的需求者的时候，“我生你们养你们，一把屎一把尿把你们拉扯大”的涵义就更显逼仄，也更为清晰，更为坚定。

所以，在我们这儿，“回家”更适合作诗的题目，而不是人人都向往的情感之旅。直到父母都成为九泉一鬼，兄弟姊妹就会像断线的串珠，这个家就会像一朵云一样，随风而去，离我们越来越高，越来越远。

我们家还没到这种地步，正处于它发展历史的中后期，尤其因为拆迁补偿，就还有着它的坚硬。

年终考评结束，已在寒假里了。校长找我谈话，很委婉地说到我们家的拆迁。校长说政府虽然小气，但也是不能大气，大气小气的程度取决于手里的银子。而政府总是缺银子的。说，拆迁已然成为社会问题，和维稳捆绑在一起了，而稳定压倒一切。说，什么错都可以犯，唯政治上不能犯错，其他都可以归为具体的业务，政治则是立场。说，城关镇和街道办都来过学校了，希望学校和德林同志好好谈谈，让德林同志和父母和兄弟姊妹好好谈谈，放弃一切不切实际的幻想，适可而止，不做城区改造的绊脚石。说，你虽然不是党员，不受党纪约束，却也不是社会闲散人员，是人民教师，尤其是在编的，吃财政的，决不能，相信也不会和政府作对。

我说我听明白了，尤其明白了他尤其暗示的那一部分。

校长说哪里哪里。问，马莉回不回来过年？我说往年都回来，哪怕打个转，今年说不准了。

校长有些警惕，说，不会因为拆迁问题吧？

我说马莉不会参与的，是因为别的。

校长说噢噢，你们大部分时间在省城，你回来也是在学校的时候多，今年情况特殊，还是住在家里的好，多和父母聊聊家常。这也是尽孝嘛。校长这么说。

就这么，今年寒假和过年，我就住家里了。

三十五

我先回了趟省城。我给马莉说我整个寒假都得在县城，而且会住在家里，拆迁补偿问题也许有望快些解决。我也去公司给师兄说了我要在县城多待些时间的原因。我没看见小陈，说小陈家有事，请假了。好吧，我给自己说，那就啥也不想了。

回到家，又怕把持不住自己，就趁末末不在的时候，问了马莉一个问题：

我们还能愉快地做爱不？

马莉好像很意外，没想到我会问这样的问题。马莉说平白无故你问这样的话。

我说，不平白无故啊，是基于事实啊。

好吧，马莉说。

我不明白马莉的好吧是啥意思。临走前的那天晚上，我问马莉啥时间回县城，坐高铁还是大巴，我去车站接。马莉说她不想回。马莉说让末末回去。问末末，末末说，妈妈不回我也不回，我陪妈妈过年。末末说，过年时我和爷爷奶奶视频。

我觉得马莉和末末已串通好了。马莉正给末末编头发，我就剪了一会儿指甲。

这一趟回省城什么也没捞着，就想有点补偿。末末睡着以后，我就故伎重演，手贴着马莉的脊背往前边延伸，马莉压住了我的手，说，末末。声音像呵气一样。我的手停顿了一会儿，又固执地动作起来。马莉在我的手背上掐了一下，掐疼了我。

坐在回去的大巴上，我的手背还在隐隐作痛。这是我这次回省城唯一的收获。

三十六

我住到家里的当天，我哥我姐和我弟就知道了。晚饭后，我妈正收拾碗筷，我弟提来一把香蕉给我妈，说，你和我爸吃香蕉，我和我哥说话。没等到我们说话，我哥我姐也来了，也提着香蕉。

我说，咋都是香蕉啊？

我姐说，这季节，也就香蕉稀罕，事先没通气，不知道会一起么。

我哥说，德林是大堡子的人，好东西比县城多。

我们这儿把省城叫“大堡子”。

我说，我走得急，坐大巴，啥也没拿。

我弟说，一贯风格么，好在咱爸妈不计较。

我姐说，不啊，有两箱特仑苏。

我弟说，现在哪家牛奶不掺假？所以咱爸咱妈不喝牛奶。咱爸咱妈要喝，我就去养牛户挤鲜奶了。

我说，我想给咱爸咱妈提几笼灌汤包子，用保温瓶也不行。

我说，有飞机就好了，不知道咱这儿啥时候能修飞机场。

我哥说行了行了，别磕闲牙了，说正经事儿。我说难怪都来了，有事要说啊？我弟问我这一回咋要住这么长时间，过去没有过啊。我说噢么。我哥问我是不是听说了春节前后要解决拆迁补偿。我说没有，我没听说。我哥说那你住这么长时间，就有些怪了。我说，我要给你说马莉可能要和我离婚，你还觉得怪不？我哥说，是不是？然后都不说话了。

我说，没关系，你们不是有急事儿说么？

我哥说，本来想和你说说拆迁补偿的事儿。

我说，不影响啊说吧。

我弟说，就是就是，你看的书多，在大堡子经见多，也许有好主意。

我姐说，不了吧，德林有自己的烦心事儿，改日再说。德林一时半会儿不走，拆迁补偿再快也有个过程。

我弟有些扫兴。我哥说那就下次吧下次。然后问我弟：

要在房顶上加盖两间，还加不加？

我弟说，已经发通告了，加盖的一律不认。我哥说告示是告示，有好几家已经加盖了。我弟说咱几个都出钱我就加盖。

我说，我没钱不参与，将来政府认了我不享受这几间的补偿。

我弟说，你看你看！

我没说校长找我谈话的事。我也没想做父母的工作，除非万不得已。爱哭的孩子有奶吃，这是经验。爱哭又能闹的，就更能吃到奶。我做父母的工作父母不听，我能揪着父母的耳朵让他们听么？

我哥他们走后，我爸把他们的香蕉和我的特仑苏都提到了他的商店里。

三十七

拆迁办接连来了两拨人，用卷尺、皮尺再次核实了楼上楼下的面积。问我爸有没有新的想法，我爸说没有。他们不和我说话，只点头微笑打招呼，使我对他们的工作方法暗生敬佩。再下来几天，就叫我爸去拆迁办正式谈话，让我爸在新修改的同意书上签字，我爸不签。拆迁办给定了搬迁的最后日期，说到时候不搬也要拆。问我爸听清没有，我爸说：

听清了，不怕失人命就来拆！

那几天，家里人来人往，说的都是拆迁补偿，有传言有表态也有激愤。拆迁办各个击破，分别和各家拆迁户签合同，大多都签了字。也有签过字又后悔的。没签字的几家似乎铁了心，说他们看铁匠大大的。铁匠大大签，他们就签，铁匠大大不签，他们就不签。看样子，拆迁真是箭在弦上了。

我们兄弟姊妹四个开了一次“诸葛会”。

我弟说，拆迁队真到了，咱爸咱妈就坐在屋顶上，我不信他们敢把活人埋在水泥钢筋砖头堆里。

我哥说，真到了这一出，不知道咱爸咱妈敢不敢坐在楼顶上。

我姐说，就怕万一。

我弟眼里要喷火了，说，什么叫万一？真万一了，我就是咱爸打铁的榔头，先砸铲车司机，再砸拆迁办主任。说，讲理的怕不讲理的，不讲理的怕不要命的。

他们问我的态度。我说我反对父母上楼顶，更反对和铲车较劲。

我弟急了，说，哥呀，这是最后的斗争，过这个村就没这个店了。拆迁补偿和我们每一个都有关。

我说你先别急啊，咱先分析一下，咱分析一下么。我让他们耐心一点，听我把话说完。我给他们分析了一下事态的可能性。

我说，咱爸咱妈上楼顶不是给人家甩人命，是要争取最后谈判的筹码，这没错吧？那么，我说，咱爸咱妈坐在楼顶的哪一块最好呢？坐在哪一块既有威慑力，又有安全性呢？我说，铲车的第一铲会铲什么地方？肯定是不会伤到人的地方。铲车的目的是要拆房，不要出人命，是不是？到伤人的时候也就是快拆完的时候。这时候扔下不拆了，房子已经废了，住不成人了，是不是？这时候咋办？坐在上边，还有意义么？没意义也就没意思了。没意思也就成笑话了。你们想想，人家铲车不铲了，扔下走了，咱爸咱妈在两堵钢筋水泥墙上，下来还是不下来？不下来万人观看，下来就丢尽脸面。想想，你们想想，会不会是这么个情景？

我说，我们四个就是每人提一把榔头，砸谁去？拆的是咱爸咱妈的房子，咱爸咱妈在楼顶上，在两堵水泥墙上呢，我们几个凭什么砸人？

我弟又急了，说，我爸我妈都被逼得骑到墙上了，我们袖手旁观？我们不能砸？

我说，你砸就犯法，犯法就没了所有的谈判筹码，你砸不砸？

我弟低头喘气了。我就进一步分析。

我说，第一铲下去，只要戳一个大窟窿，就不会有谈判了，就会有第二铲，都是钢筋水泥啊。我说，铲到一半，一大半，剩下的都会好好的，不会倒塌，何况，拆迁的铲车司机早拆出经验了，不会损伤到人的。他不拆了，扔下走了，你爱上边坐着你上边坐着去，你爱下来不下来。我问他们，让他们想想，到时候会不会是我说的这么个情景？他们都不吭声了。

我就继续分析。

我说好吧，不让咱爸咱妈上楼顶了，让咱爸咱妈躺在路上，堵铲车。我说，如果两邻家没拆，最多来两辆铲车，咱爸咱妈一人堵一辆。两邻家要是拆了呢？四面八方都能来，都能铲，咱知道会来几辆？咱爸咱妈能堵几辆？咱可只有一个爸一个妈，能堵住么？再说，人家还没铲，你咋知道人家是冲你来的？你能堵从你家门口过路的铲车么？铲车开到跟前了，趁你不注意，铲车一抡，你家墙上就一个窟窿了，是不是？这么一想，堵铲车，成还是不成？还有，最最重要的一点，万一把咱爸咱妈磕了碰了，住医院了，咱能治铲车司机什么罪？

我哥听得不耐烦了，说，行了行了，不成的你就别说了，说能成的。

我说好吧，我说一个我认为能成的，你们听能成还是不能成。

我就继续说。

我说，问题必须在第一铲之前解决，铲车到跟前了，只要不铲第一铲，就有谈判余地。

我哥说，你就说怎么在第一铲之前解决问题吧。

我就说了铁匠炉。

我说，还是我弟说提榔头给我的灵机一动。我说，其实就是个演戏，就看怎么演。我说，让咱爸咱妈上楼，不如让咱爸支铁匠炉。我就给他们描述了一下支铁匠炉的好处。我说，十里八乡闻名的铁匠大大几十年没打过铁了，突然支起了铁匠炉，会有什么样的反应？看到的人会怎么想？会不会有什么事儿呢？要有什么事儿了吧？铁匠大大只埋头打铁，不说一句话，和任何人都不说，谁问也不说，只打铁，打撬杠行不？砍刀呢？都是铁匠大大打过的，打出几件来，就会更有效果，总有人会害怕。你们想想，会不会有人害怕？拆迁办主任，铲车司机，他们会不会害怕？这才是真正的威慑。铁匠大大的铁匠炉沉默几十年了，突然支起来了，叮咣叮咣，有打铁声了，一下一下，打撬杠，打砍刀，怪不？这是要干吗？铁匠大大一边打铁，一边等着拆迁办的人来谈判，如果不来，我们任何一个就可以去找他们谈，我相信，这时候的他们会接待的。我说，退一万步，紧急关头，每一样打出的铁器都可以是我们自卫的武器。

我说，问题是，咱爸几十年不弄这营生了，不知愿意不？

我哥说，咱爸杀人的心都有了！

我弟说，狗急了还跳墙呢！

我姐说，狗急跳墙没说咬人啊！

我弟说，逼急了人也会咬人的！

我哥低头想了一会儿，说，我明白了，那就让咱爸支铁匠炉！咱爸在幕前，我们在幕后，盘炉子，打铁，打铁不成再上楼。

三十八

那些天，我爸心里明显搁着事。

我哥给我爸说铁匠炉的时候，我爸正端着茶壶一口一口喝酽茶，熬得很浓的那种。这些年，我爸一直这么喝茶，还要咕咚咕咚发出声响，让茶水在喉咙里稍作停留，润那么一下下，再咕咚一下把它们送进胃里。

他坐在躺椅里，从他的日用品商店看出去，看门外的街道，看过往的人影和车影，一声不吭，好像和那个能讲述也能诉说的铁匠大大没有丁点关系一样，好像把放肆的笑、无拘束的谈吐压成了硬邦邦的鞋底一样，不再给它们活动的空间。他一天一天把原有的那个自己掏空了，装进了一个寡言又斤斤计较的躯壳。出口多怨，甚至有恨，每一个毛孔都能渗出戾气。活鬼闹世事，他说。他已认定他生活的世界是一个活鬼的世界，自己也不过一个活鬼，铁匠大大只剩下一个称呼了。

这一回，我哥要招魂一样，招回那个敢作敢当的铁匠大大。

我哥说，不让你和我妈上楼顶了，我们给你盘铁匠炉。

我爸喝了一口茶，说，噢么。我听见你们说了半晌。

我哥说，你找一下打铁的家伙。

我爸又喝了一口茶，说，噢么，都楼上楼下撂着呢。

我哥说，家伙不够了，我们给你添置。铁匠炉就盘在院子正中，我买一车钢炭。

我爸说，这就盘啊？

我哥说，先准备么。

我爸又喝茶了。

我哥说，你说你“大跃进”的时候你多少天多少夜一口气打了多少把撬石头的撬杠砍树的砍刀。

我爸放下茶壶，眼睛迷蒙着，说，噢么，可不是。

我哥说，你拿出那时候的劲势，有那个时候的劲势咱就成功了一半。我哥说这回可是关键又关键啊爸哎！

我看见我爸的眼睛好像亮了一下，他往远处看，好像要看见那个时候的铁匠大大一样。

我哥速度很快，真买了一车钢炭，堆在了大门外边。我哥很有技巧。

有人问他，冬天过去一半了，买这么多钢炭？

我哥笑而不答，一脸神秘。

我和我爸楼上楼下找打铁的家伙，竟然一样没有丢失。我把它们一件一件放在水龙头下冲干净，整齐地堆在墙根下。

铁匠炉的准备工作有条不紊，拆迁办却像疲软了一样，没了动静。

我说，也许要过年，怕闹事儿吧？

我哥说，有备无患。拆迁办也许会突然袭击，铁匠炉最晚到正月初五盘起来。

我很少想马莉和末末，也不想马莉说要离婚。也许压根就不觉得是个什么事儿。我更多想的，是即将在我家上演的一场大戏。我很难想象大戏里的我爸我妈，我哥我姐和我弟，还有我自己。只有在大戏上演的时候，才能知道。我想，真跌到事故里，人也许会和想象的一样，也许会很不一样。我这么想的时候就会有些兴奋。

我和二哥他们喝了几次酒，他们不同程度地发福了一些。二哥说要过春节了都很忙，要准备过节的东西，要打点各种各样的关系，春节后的几天也会很忙，要走亲戚……走完亲戚我们好好喝。他给了我一条软中华，足够我抽到春节。

就这么一天两天，日子像赛跑的乌龟一样，慢里有快。不知不觉，到腊八了，不知不觉，是小年了，再几天，就是大年初一。我哥说他给娃把烟花爆竹都买好了，我说我也买几挂鞭炮吧，就真买了几挂。我没想到会有大的意外发生。

我们的邻居李不害先我们演出了一场更大的戏，延迟了整个拆迁，延迟了我爸的铁匠炉。

三十九

李不害案说书版

李不害用两种工具，在不到一个小时之内，杀死了金雷金电和他们爸金疙瘩父子三人。我正好在现场，亲眼目睹了整个凶杀。李不害不愧当过兵，杀人堪比影视剧，手脚麻利，动作娴熟，不让血污染身。因为近距离，几乎就是贴身杀人，脸上、手上、身上才溅上了一些血污。

事后，大市场人称王大嘴的王新合专门为这一场凶杀编了一段说书，成了县城许多人茶余饭后各种场合乐于背诵的段子。我记得的有这么一截：

只见那李不害从人群中倏然闪出，直朝着金雷贴身上去，手起榔头落，立溅出红白两花，仆倒下壮汉一枚。

金电见势不妙，拔腿就逃，李不害长腿如风，呼啸而去。又一榔头，金电捂紧后脑勺，呼喊救命，左奔右突，怎奈李不害旧恨成火，宿仇烧心，再一榔头，金电立仆。李不害怕他不死，舍榔头而取利刃，只一下，金电已被割喉，血水如泉如沫。此时间，围观者或惊叫奔逃，或瞠目呆视。真可谓，哆哆嗦嗦，齿唇不吐人语；结结巴巴，喉舌不知云何。再看那李不害，大步返回，寒光闪过，又割金雷一喉。听者且慢，复仇凶案还在继续。正所谓，彤云低锁乌城暗，复仇不在早与晚，大年三十有大限，生死祸福倏忽间……

听起来，是一个惊心动魄的复仇传奇，虽有渲染，基本符合现场情景，包括先后次序。在确认金雷已死后，李不害又去了金雷金电父亲金疙瘩家里，杀死了金疙瘩。然后又转回身来，用那把小榔头砸了金雷的小汽车，然后，抽出小汽车的汽油，浇了一圈，放了一把火。在小汽车毕毕剥剥燃烧的声响中，李不害一手举着带血的榔头，一手举着带血的利刃，仰头朝天，说了这么一句：

等了二十三年，我妈的仇终于报了！

李不害从人群中倏然闪出

然后，扬长而去。

现场的每一个人都傻了一样，没人阻拦，也没人报警，直到看不见李不害了，才都“哇”一声长舒了一口气，撇嘴的撇嘴，摇头的摇头。我也摇头了，没撇嘴。

王新合那一段说书里的“鸟城”，就是县城。县城原始的造型像一只鸟，鸟头朝东向，我们村在城东，离县城最近，所以叫雀儿咀。在所有的官方文件里，县城的别称都是“鹅城”，只有县城人私下调侃，县城才叫“鸟城”。王新合的说书，明显倾向李不害，对县城是带了贬义的。那一句“彤云低锁”，虽然套用了《林冲夜奔》的戏词，却也符合那一天的天象，天上确实彤云密布。

四十

事后回想，还是有一些蛛丝马迹的，只是当时想不到，更不会朝杀人一路去想。

我和我爸归拢那些打铁家伙的时候，李不害来过我家的。他站在我跟前，看我在水龙头下洗那几样家伙，问我：

叔你洗这些家伙弄啥？

我说不弄啥。多年不用，东一个西一个撂着，脏乱差，看着难受。

李不害拿起那把小榔头，翻过来转过去看着，掂着，说，这个好。我说，家伙都是好家伙，派不上用场，冷落了。李不害还在赞叹着，嗯，这个好，称手。好像爱不释手的样子。还用小榔头在头上比划了一下，说，叔你说，这要是砸在头上，一下就没命了吧？我说，那可不。头再硬，也受不住砸铁器的榔头。李不害说，就是就是。嘴里还呜啦了一句什么，我没听清。

我快洗完了，要关水龙头。

我说，不害，你没什么事儿吧？

李不害说没事没事，我没事儿，闲逛哩。

李不害确实一副闲人闲逛的样子，说话有一搭没一搭，要走不走的。说：

我看你快洗完了，想和你说说话。

我说，好么。就关了水龙头，把洗过的家伙堆拢在一起。我说，走，咱屋里说去。

李不害好像忘了刚才说的话，我一说又想起来了，说，噢噢。把手里的小榔头放在了那一堆里，舍不得一样。临进屋门时还歪头看了一眼那把小榔头。

李不害小我十多岁，按雀儿咀的辈分低我一辈，我上中学那阵，回村时常看到他光着屁股在村街上跑，看见我爸就会喊一声“大大爷！”揪着耳朵问他，到底是大大还是爷？他会抱着脖子说“大大爷！”雀儿咀被县城吃掉以后，我家和他家还是邻居。他当了两年兵，回来后一直在外地打工，只有春节都回家的时候，我们偶尔会见到。

我给了李不害一根烟。

李不害说，软中华啊叔！

捏在手里看着，很欣喜的样子。他坚持也要给我点一根。他说雀儿咀他最佩服我，说我是雀儿咀的骄傲。他说，你和我婶都是。我说，你个㞞三十都要过五了，还不娶媳妇啊？他说他有事要做，不适合结婚。我说哎你个㞞，就是造原子弹也挡不了你结婚啊，钱学森钱三强都是有媳妇儿的，还都是贤惠又漂亮的美女。他说他在广东打了几年工，这些年在浙江，他说打工的日子不好过，他说他小时候喜欢兔子，想着长大以后养好多兔子，养那种红眼睛的安哥拉长毛兔，他说他现在还想着这事，说不定哪天挣到钱就回来养兔了。他说，雀儿咀不进城就好了，农村的大院子就可以办个养兔场，让兔子放开跑，满院跑。我觉得李不害像没长大一样，天真，也幼稚。他说他在广东处过一个女人，在浙江也有一个。他说他做完要做的事情，也许会把她领回来结婚。他说真领回来了就让我参加婚礼，念结婚证。

我说，噢么你个㞞你就这么也许吧，人有做不完的事情，再这么也许几年，你爸就看不到你成家给他养孙子了。我说，你还是你爸的独苗苗呢。

我爸有我姐呢，李不害说，我姐都一儿一女两个了。

我没提说到他妈。

二十多年前尸检李不害他妈的时候我在场，挺惨烈的一幕，虽然已成前尘往事，到底是一块伤疤。

我和李不害东拉西扯说了些不淡不咸的话，走的时候李不害又看了一眼那把小榔头，说，我想借榔头用一下的，想想还是算了。我说想用就拿去，快些用快些还。李不害说算了算了。

那时候，我实在没有一丝一毫的留心，没有丁点的警觉，直到李不害一手举榔头一手举刀说那一句“我妈的仇终于报了”的时候，我才有些明白，那一天他为什么想和我说话，他的心理。

我一次又一次想着他拿起那把小榔头又放下的原因。他要买一把自己的，不会被突然要回去，也不会牵连到别人。别人的东西不适合作杀人的凶器，会被没收，会成为他的一笔欠账。他不愿欠账。

这么想着，李不害和我的那一次聊天说话，就成了让我脊背发冷，又让我从心底里佩服他的一个事件。他的细心，他的缜密，只有我一个人知道。再看那把小榔头，我就会不寒而栗。

四十一

金雷金电他们爸金疙瘩当村主任，正是雀儿咀卖地入城改农为商的那几年，许多村人怀疑他贪了村上的卖地款，说，你看么，脑袋后边长一堆肉疙瘩，能是善茬么？也有人匿名给县上乡上写告状信。金疙瘩好像没听见不知道一样，时不时领着金雷金风金电三兄弟在村街上路过，很顺便的样子，顺便路过，和村街上的人打招呼，脸上的微笑舒展又收敛，收敛又舒展。三兄弟金雷最大，二十五岁，金电最小，十八岁或不到，正是如狼似虎的年纪，直乎乎站在他爸屁股后边，即使一声不吭，也会给他爸忽现忽敛的微笑添进几分杀气。

李不害他妈一直和金疙瘩不卯，对待的方式有些与众不同，既不在背后说杂话，也不匿名告状，而是用她独有的唾沫。金疙瘩和儿子们过来了，她没看见一样，“呸呸呸”，连发三口唾沫。或吐向天，或吐向地，不朝金疙瘩吐。金疙瘩忍了多年，这一回，终于不忍了，停下脚步，问李不害他妈：

你吐谁？

李不害他妈说，爱吐谁吐谁，你管！

金疙瘩往前走了几步，离李不害他妈近了，说：

每次我从你跟前过，你就吐唾沫，得是？

李不害他妈说，噢么想吐了，你管！

金疙瘩又向前走了几步，问李不害他妈，别人从你跟前走过你吐不？

李不害他妈说，你管！

三兄弟背着手，紧跟着他爸，电视上学来的一样，站在他爸后边，看着他爸和李不害他妈一问一答。

金疙瘩说，过去我没管，今天要管了。

李不害他妈不怯不惧，你说，你管你管去。

金疙瘩说，你只说你吐谁。

李不害他妈说，吐不公的天，吐不公的地，你管！

金疙瘩说，你再吐一口。

李不害他妈想都没想，扭头一声，呸！一口唾沫就吐在了地上，又抬脚在唾沫上踩了几下。

金电一步就欺到了李不害他妈跟前，伸出巴掌，快要挨着李不害他妈的嘴了，说：

再呸我扇你嘴！

金雷说，扇！扇她个狗日的。

金雷的鼓动和金电的巴掌没吓住李不害他妈，反倒激起她的斗志，又一声“呸”，直朝着金电的脸吐上去。金电的巴掌也就结实地扇在了李不害他妈的脸上。

李不害他妈愣了，怒目而视。

金电晃着手掌，说，再吐我再扇！

金风说，扇！扇烂她的脏嘴！

李不害他妈不吐了，母鸡一样跳开，操起身边的一根扁铁，当一声敲在了金电的鼻梁上，金电的鼻子立刻流出血来。

金雷说，打她个狗日的！

金疙瘩也愤怒了，说，往死里打！打死我顶着！

他们就开始打了。他们一起打了，还是一个人打的，现场没有目击者。依李不害事后的说法，除金疙瘩鼓励儿子打他妈以外，三个儿子都动手了。依金家父子的说法，出手打人的，只是金电。后来的法院判定，坐实的是金电一人。

金电的脚跟前正好有一根木棍，脚一钩，就到了手里，一棍抡下去，就抡在李不害他妈的头上。李不害他妈发晕了一样，哟哟哟！手扶着鬓角，摇晃着往下倒。

李不害一直在旁边看着，不敢掺和。看他妈要倒下去，才叫了一声“妈哎！”朝他妈扑过去，他妈就倒在了李不害的怀里。李不害坐在地上，抱着他妈。他妈闭着眼，嘴和鼻子都往外流血了。李不害揉着他妈的胸脯，失声叫着：“妈，你不许！妈，你睁开眼！”

李不害他妈的眼再也没有睁开，鼻子吹了一阵血泡沫之后，就死在了李不害的怀里。

那一年，李不害十三岁。

金家父子早已扬长而去，不知道会失下人命。有人报信说，李不害他妈死了，鼻子嘴里都是血，不信你看去！金疙瘩脑后的一堆肉疙瘩立刻由红变紫了，说，不会吧？就一棍子啊！不可能。

金疙瘩没有去看李不害他妈到底死没死。终了，也没兑现他说的那一句“打死了我顶着”。

司法机关在雀儿咀村外大路上尸检李不害他妈的时候，他到底还是害怕了，就到处找人打点了。

村上许多人看到了尸检李不害他妈的那一幕。看着尸检的法医，在他们的眼皮底下割开了李不害他妈的头皮，又破开了李不害他妈的脑壳。李不害也看到了。他看着他妈的头皮被一刀一刀割开，脑壳被一下一下锯开，听他姐坐在地上“妈哎妈哎”一声又一声哭嚎。李不害没哭。李不害抹掉脸上的泪水，说，我要杀了他们！我要给我妈报仇！又说，我不报仇我就是狗日的！他不看了，走了。

那些天，我在家等县职中的录用通知，也看到了尸检的场面。李不害离开现场的时候他姐还在哭，他爸在另一边抹眼泪。

金疙瘩很快卸任村主任。几个月后，法院认定，受害者有过错在先，金电犯故意伤害罪，因不满十八岁，系未成年人，判处有期徒刑七年。有人说，分明使了钱，轻判了。

四年后，金电减刑出狱。这时候，雀儿咀已从县城地图上消失，村民转为县城居民，过上了城里人的生活。金家的人命官司也成了前尘往事。

我关注过李不害很长一段时间，偶尔也能见到他，也知道李不害不上学了，当兵了，复员回来又走了。就这么，无风也无波，日历一页页往过翻着，翻到二十三年后的大年三十。李不害终于践行了他的承诺，也激活了我的记忆。

有个德国作家在他的书里写过这么一句话：

很少有人在起床时就说，嘿，我今天要犯罪。

李不害是很少人中的一个。他每天醒来都会给自己说：杀了他们。

四十二

李不害案现场目击版

杀人的时间应该是事先选定的，大年三十，金家父子都在场的时候。如果大年三十不成，就会是大年初一。杀人的方法和程序也是事先想好的，用榔头，先砸倒一个，最好致死，不死也会失去反抗的能力。然后，紧接着，砸第二个，第三个。然后，再回头，挨个割喉。

在任何人看来，二十三年前的棍杀是一个完整的事件，已归于记忆；二十三年之后的连续杀，则是另一个事件。只有李不害不这么看，对他而言，二十三年后的连续杀是二十三年前棍杀的继续，从来没有中断，一直都在进行。时间的长度也是事件进行的长度。时间的长度是避免盲目失手的必须。也正因为时间的长度，才使得只有一个人知道的这一场追杀和连续杀，完成得有条不紊，干脆利落，没有点滴的拖泥带水。而且，是在许多人的眼皮底下。这也是杀人者需要的。

大年三十吃罢午饭，勤快的人家就会先别人去祖先的坟地里烧纸。那一天，金家父子正好是勤快的，回来时正是街道上人多的时候，我也在。我爸我妈为过年的吃食在做最后的准备，我搭不上手，就去了街上，听邻居们聊天说家常。李不害也在聊天的人群里，他没说话，也就没人注意他，更想不到他会有惊人的举动。

金家父子上坟回来，开着金雷的那辆小车，他爸金疙瘩的家在东边，先下车，然后车就到了金雷家大门外。金电下车，和大家打招呼：

上坟了？

上坟了。

就这么打着招呼，就近给人发烟。给我也发了一根，说，你是大堡子的人，吃好烟的。我说不啊，啥烟都一样。

就是这时候，李不害突然显身，几步就闪到了金雷的车跟前。刚熄火下车关上车门的金雷转过身，李不害的榔头就下去了。金雷"噢"了一声，头歪了，软了下去。看到的人"咦"了一声，瞪大了眼。

李不害转过身，正对上了金电的目光，金电手里捏着一支烟，没发出去，感到不对劲，一脸惊恐，然后，撒腿跑了。李不害好像知道金电要往哪儿跑一样，截上去，就到了金电身后，一榔头下去，砸在了金电的后脑勺上。金电喊了一声“救命”，捂住了后脑。又一榔头下去了，“砰”一声，金电栽倒了。李不害抢上去，掏出一把刀子，单腿跪地，一划，金电就不再有大的动弹，喉咙里咕咚咕咚冒血泡了。

李不害用刀子在金电身上连戳了好几下，然后起身，大步走过倒在车边的金雷，进了金雷金电他们爸金疙瘩的家。很快就听见金雷金电他们妈喊了一声“杀人啦！”李不害已经出来了，一手提着榔头，一手提着刀子。有人不敢看了，吓跑了。李不害说，你们别怕，和你们谁也没关系。还给看的人笑了一下。就到了抱着头、一声不吭的金雷跟前，在金雷的脖子上拉了一刀，戳了许多下。然后，砸车烧车。说：

狗日的金风，命大，没给他先人上坟烧纸。

然后就说了报仇的那句话。

李不害把在场的每一个人都镇住了。有人想起来很后怕。也有人背地里给李不害竖大拇指，说，他妈没白生他养他，咬仇咽恨二十三年，没辱没人的称谓。

对金家兄弟，王新合也编了几句：

世间万象各有运数，雷电被杀，风跑了。

好像有些许遗憾似的。

李不害在他妈的坟头烧了一堆纸钱，然后消失了。

十多天以后，满县城的人都在说李不害回来自首了，收押在监，等待审判。很快，“李不害二十三年后为母报仇”的帖子就成了网络上的爆炸性文章，手机刷屏了。有外省的律师主动找李不害他爸，要为李不害无偿辩护。县城党政司法被推进社会舆论的漩涡。

我的兴奋点也就从我家的铁匠炉转到了手机上，看李不害能不能逃过死劫，留住一命。

也因为我不愿成为李不害复仇杀人案或报复杀人案的现场目击证人，就改变了原有的居家计划，回到省城了。

也就知道了马莉有了外遇。

四十三

马莉没想到我会回来。马莉甚至没听见我把钥匙插进门锁开门的声音。马莉一出洗漱间，我已站在马莉的跟前了。洗漱间在门的右边。马莉嘴唇上的口红是刚抹上去的，肩膀上挎着一个 mini 包，新买的，我没见过。马莉明显要出去的，很意外我会回来。

要出去?

噢，不。

马莉是这么说的。马莉折回洗手间了。再出来，嘴唇上的口红淡了许多。

我说，别因为我搅了你的约会。

马莉说没有啊。马莉很警惕。马莉说,是客户的一个饭局。马莉是这么说的。

马莉把 mini 包挂在简易书架边的挂钩上了。马莉挂好 mini 包后，一下不知该坐还是该站着了。

马莉说，本来就可去可不去。

马莉这么说着，就坐在了小餐桌跟前。马莉用她白皙的手指头磨蹭着她的手机，好像不这样，手机在手里就不会安生一样。

我觉得马莉这么太难受了，就说，我可以不吃晚饭的，我包里有方便面。

马莉终于下了决心，用她灵巧的手指滑亮了手机，在上边点了一会儿，然后，把手机放在了小桌上。

我说我真的可以吃方便面，就是要吃才买的，没顾上吃。

马莉说她这些天一个人懒得做饭，冰箱里没东西。

我说我真的可以吃方便面，方便面也挺好的，简单又实惠。我说你要是不嫌弃，就和我一起吃，我买了两碗。

我从我的帆布包里取出了两碗方便面，放在了小餐桌上，证明我是真的要吃，而不是敷衍。马莉说好吧，就把两碗方便面拿到厨房去了。

马莉很快就发现了她的疏忽，没拿手机。

手机在小餐桌上。

想拿回去，又觉得不合适，就在拿回去和不拿回去之间煎熬了。

我等着马莉，也能看到在厨房里冲开水，又不时瞄她手机的马莉。

我不想让马莉这么煎熬，就拿起马莉的手机，说，我给你拿过去?

噢，不，马莉说。

马莉是这么说的。我说，万一有短信过来呢？

马莉白了我一眼，别过脸去，不再关心手机了一样。

我突然觉得有些好玩了，也想看看马莉的反应，就像马莉刚才那样，就用手指头在马莉的手机上磨蹭着。

我知道马莉的手机有密码，马莉更知道的。可是，然而，锁屏了么？真锁屏了么？密码保险么？真保险么？在这种情景里，要淡定到一点不担心密码被别人磨蹭开，得有多大的定力？万一没锁屏，万一有短信，手机就会亮，会显示短信的一行或半行，会知道谁发的短信。

还好，没有短信。我的手指头也没有磨开密码的神力。

马莉在煎熬里泡好了方便面，把它们端到小餐桌上，坐在了我的对面。我把手机推给马莉，马莉的安全危机立刻解除。我们开始吃喝。马莉不看我。

从我进门，马莉就不和我对视，除了在厨房里白我的那一眼。马莉和我说话有一搭没一搭，声音飘忽不实，马莉说，我买了个包包。我说，噢么。马莉说，末末去外公家过年没回来。

手机在小餐桌上

我说，噢么。马莉说，家里咋样？我说，马莉你看你说的话，包包我已看见了，末末没回来我知道的，大年初一视频过，你问我家里咋样，也很笼统。马莉说，好吧。就这么，结束了我进门之后的第一波谈话。

那天晚上，主动的是马莉。我没想到马莉会这么主动。马莉把我的手拉到了她的胸脯上，马莉说她想了。

我想了，马莉这么说。

我和马莉躺下的时候都很安静，室内的暖气只是不让人感到寒冷，被窝里才有舒适的温暖。我和马莉各自都安静地感受着被窝里的舒适和温暖，能听见彼此的气息，彼此都没有睡意，彼此都一动不动。

是马莉先动的。背对着我的马莉突然转过身来，看着我。马莉定定地看着我，马莉的眼睛里不是温情，更像愤怒。我以为马莉要说什么。我希望马莉能说点什么。马莉没有。马莉伸过来一只手，拉着我的手，把我的手拉进了她的胸罩里，捂着，另一只手解开了胸罩。

马莉看着我，眼睛一动不动，把我的手往下拉，拉进她的内裤，另一只手脱去了内裤，夹着我的手。我想了，马莉说，定定地看着我。

马莉突然翻过身，整个压在我的身上，抱住了我的脖子，逼视着我。然后，用力一拉，把我翻转到她的身上了。马莉不再看我了，把松开的手伸到了被窝外边，像从被窝里伸出了两根象牙。马莉的胸脯很倔强，屁股像纵情撒欢的马驹，一刻也不停歇。马莉让我吃惊，也给了我刺激。我们都忘乎所以了，一起飞升着，直到马莉凄厉地叫了一声，咬住我的肩膀。

我也从高处跌落了，跌落在马莉的身上，不再动弹。

马莉在哭。

我听见马莉在哭。马莉摇着我的肩膀，哭了。

马莉松开了我的肩膀，还在哭。我在马莉身上，一边喘着气，一边回想着我进门之后的整个情景。我认定我戴绿帽子了。

我的心立刻狂跳起来。

四十四

在我判定马莉有了外遇的那一刻，我不像我了。我感到我的心在猛跳，跳得很慌乱，要跳出胸膛一样。这很危险。危险不在它真能跳出胸膛，而在这么跳下去可能会有的后果。

一个以看生活为生活的人，很少有感受心跳的时候。即使以看生活为生活，偶尔也会有感受到心跳的时候，证明，也还在生活之中。

所以，问题不在感受到心跳，而在于感受到心跳之后，会不会被卷进去，卷进生活。

面对马莉有外遇这一个事实，很容易让我不再是我，这才是症结所在，真正的危险。在马莉有外遇和我可能不再是我之间，我要拒绝的是后者。

“成为自己生活的旁观者，可以避免生活的很多烦恼。”我一直认为，奥斯卡·王尔德的这句话，说的是旁观的现实效用，在最低的层级。还是要到老聃那里去。

我很自信我对老子的理解力：天地不仁以万物为刍狗，不是不想仁慈，而是因为无用；圣人不仁以百姓为刍狗，不是不愿共情，而是因为共情容易成为滥情，于人于己无益，反倒有害。

所以，我要做的，不是改变马莉有外遇这一个事实，而是要控制我的心跳。

我趴在马莉的身上，一边喘着气，一边摸了一下我的头——除了头发没别的东西。我有些不放心，又摸了一次，结果和第一次一样，除了头发再没别的东西。我猛跳的心很快就平缓下来，终于回到它应该在的地方，让我对它不再有丝毫的感受。人体的每一个器官，只有在病变的时候，才会以各种各样的方式显示它的存在，让你感受到它。

然后，我就从马莉的身上爬起来，拥着被窝，坐得离床头柜近了一些，从烟盒里取出了一根软中华，点着，长长地吸了一口。

二哥给的这一条软中华绝对真货，而长长吸进的这一口又格外顺畅。

激情已经消退，马莉也由哭而哽咽，重归平静。我想和马莉说些什么，比如，马莉的外遇。我想，现在和马莉说比较好，更容易有我想有的效果。我想，也可以过些天再说，过些天说就会是过些天的效果。

我把吸进去的烟吐出来，看着缠绕上升的烟雾和烟圈，叫了一声马莉，又叫了一声。马莉似乎没想到这个时候我会叫她。

马莉“嗯”了一声。

嗯？这样的，好像很遥远，其实只隔了一层被子，听着很远，在很深的地方。

我想和你说说话。我说。

嗯。马莉说。

我想好好和你说说话。

嗯。马莉说。

我坐着，你在被窝里，不像好好说话的样子。

我想马莉会起来。没有，马莉没起来，也没起来的意思。

那好吧，我说。就说了我的判定：

今晚上耽误的不是一个平常的饭局，是一次特别的约会。

我知道马莉在听，马莉一定睁着眼睛在听。

是不是？我问马莉。

你说么，马莉说。

我没有再问，再问就没意思了。

我说好吧，我想你可能把我想歪了，所以我不愿意和你说。

我说，我认定你把我想歪了。你也许会想到很多耳熟能详的可能，比如，我会追问到底有没有，那个人是谁，为什么会和你，或者，你为什么会和他，等等。那就证明你还不了解我，这么多年了，你并不了解我。我不会追问，也不会追查，更不会打上门去。我只是想和你谈谈外遇。

总之，我给马莉说，我总是要和你谈的，你觉得今天不合适就明天，明天不合适就后天，总有你觉得合适的一天。

马莉很平静，一直没给我说一句实质性的话，这也在我预想的效果之中。也得承认，不管我说什么，马莉以“嗯”和无声回应，也确实消解了许多我想要的那种效果。

四十五

我远远看见过那个男人。和马莉约会的男人，高新区一位管工程的副主任，挺干练的一个人，干练，不油腻。马莉没有降低她的审美。

马莉并不以在家的殷勤掩饰她在外的出轨。马莉像什么事也没发生一样，继续着他们的约会。地点是固定的，高新区一家五星级酒店。他们的约会从不拖泥带水，重效率轻缠绵，这对家庭完好且有仕途前景的高新区副主任，是合适的，也适合马莉的性格和现实。他们很默契，所以也轻松，没有因为偷情累赘到自己。影响到马莉是因为我的旁观。

马莉知道了我的旁观。是我让马莉知道的。

我从一个旁观者的角度给马莉说了我的观感，马莉生气了。

你在偷窥！马莉说。

马莉很愤怒。

没有偷窥啊，也不用偷窥啊，都在你脸上啊。我说。

你跟踪我！马莉说。

为什么要跟踪呢？有跟踪的必要么？跟踪到那个酒店，跟踪到车库，然后呢？马莉乘电梯上楼，进某层楼的某个房间了，还怎么跟踪？跟踪到房门口么？破门而入么？如果不，就只能跟踪到车库，最多到大堂。问大堂，会给我说房号么？说了房号又能怎么样？上去捉奸么？只能等着了。在大堂等，还是在车库？应该在车库。等一个小时？两个小时？看着马莉从电梯里出来，打开车门，上车，然后出车库，扬长而去……这该有多么无聊！

我没有跟踪，我说。

你到处打探！马莉说。

我没有到处，也没有打探，我说。

你觉得这很刺激么？马莉说。

不，一点也不，我没觉得刺激，我觉得你倒是被刺激了。我说。我这次从县城回来，当天晚上我就感觉到你被刺激了。我说。刺激不是负面的，也会刺出激情，你已经有了切身的体验。

你应该去看心理医生，马莉说。

好吧，我这就去看。我说。

我把我的帆布包挎在肩上，顺便摸了一下，拍了一下马莉的 mini 包，把马莉一个人留在了屋里，去公司了。

我反手拉门的时候看了马莉一眼，看见马莉坐在了床沿上，半低着头，背对着门，很孤独的样子。

去公司的路上，我一直想着马莉孤独的样子。坐在床边、侧身、背对着门的马莉，就是一个孤独的形象，包围着她的是看不见的空气。多年前在操场上扔铁饼的时候，我就看出来了。马莉一直是孤独的。结婚以后的马莉，生末末的马莉，读研的马莉，做账的马莉，做家务提着垃圾袋的马莉……有了外遇的马莉，也没有告别孤独，反倒更显孤独。偶尔的激情并不能说明什么，掩盖什么，更不能代替什么。

马莉侧身坐在床边，背对着门，她一个人。

我有点同情马莉了。

马莉的约会不再单纯了，会有各种各样的心理负担，各种各样的精神折磨，会有几个马莉互相打架，也许会歇斯底里，尽管马莉会尽可能隐忍，用隐忍挤压她各种各样的难受。

所以，我有点同情马莉了。

尽管我知道，天地不仁以万物为刍狗，圣人不仁以百姓为刍狗。

四十六

安顿好末末上学的那天，马莉说她可以和我好好说话了。马莉说，你不是要和我好好说话么？马莉倚靠着窗台，点燃了一根柔和七星，吸了一口，吐出去，看着在空中消散的烟雾。

说吧，马莉说。

马莉夹着香烟，交叉着盘起胳膊。

我重申了我只是想和她说说外遇。

马莉说，说什么都行。

我说，我希望能有回应。

马莉说，会的。又说，能回应的都会有。

马莉是做好了准备的。

我说，我还是想确认一下，我回来的那天傍晚，你耽误的不是一次平常的饭局，而是一个特别的约会。

马莉说，有必要么？还有必要么？

我说，有必要。看见的和当事人的确认是两回事。

马莉想了一下说，我不想回应这个。

好吧，我说，我希望我下边说的能有回应。

我说，我很好奇出轨的动机。我说，满世界都有出轨，演绎的故事大同小异，大异其趣的是各自的动机。

马莉说，如果你只是好奇，我拒绝回应。

我说，不纯粹是因为好奇，好奇的成分多一些。

马莉沉吟了一会儿，说，我想要一个活的东西。

我很意外。我确实很意外。难道马莉过去拥有的是死的么？比如我。我是死的么？

我说，我很意外。

马莉说她对我的意外一点也不意外。

马莉说，我想让我感到我是活的，感到我是个女人。

马莉说，我想让我能使用洗衣机和拖把，能提垃圾袋，能去菜市场讨价还价，也能忘掉它们。

马莉说，我说这些，你还感到意外么？

我说我还是感到意外。我没买过菜么？没洗过碗拖过地么？没洗过末末的尿布么？没倒过垃圾么？那一次和你抻床单，留下多么美好的记忆，因为体验了劳动之美。我说，劳动不美么？劳动里没有美么？不能感觉到美么？马莉说不能。

马莉说，就因为我感觉不到我是活人，活生生的人，活生生的女人，感觉不到快乐。马莉说，我想让我觉得我可以快乐，能捕捉到快感，并拥有快感，回味快感，而不是回味无聊，回味机械运动。

我说，你指的是做爱？

马莉说，包括做爱。

我说，你没有过快感？你和我？

马莉弹掉了烟头上的烟灰，歪过头去，好像在尽力回忆。

结婚前后吧，马莉说。

后来呢？没有了？感觉不到了？为什么？因为麻木？因为餍足？没有了饥饿感，吃饱了不想吃了？

不是餍足，马莉说，是厌乏，乏味的乏。

我能理解，我说，长久的餍足就会引起厌乏，就会乏味，不管什么样的吃物都会觉得乏味。

马莉说不是这样的。马莉有些激动了，不是所有的，不是吃物，是享受物，婚姻，爱，激情，活力，甜蜜，这样的。

马莉说，他让我坚定了我的判断，我的婚姻早已没了水分，是腐败后风干的朽木，有人可以在朽木上寄生，我也可以，也一直寄生在它的身上。马莉说，我不想这样了，不愿意了，如果必须寄生，也要在有水分的、能感到希望和未来的地方，能激发活力，而不是绝望地寄生。

他比我有钱，我知道的，我说，高大上的说法就是，他是这个时代的成功者，和他相比，我几乎是一个不挣钱的人。

不是你想的那样，马莉说。

我说，是哪个样？

马莉说，你也说过，钱不是什么坏东西，对一个家庭来说，钱意味着什么？钱是家庭的活水，没钱的婚姻无法继续，维持也不行，会干枯，会枯竭，这你没想过吧？想过么？

马莉的话让我无言以对了。马莉说的是一个事实，不高雅的事实。

无银钱霎时间把英雄困倒。

我记起了这么一句戏词。同样是说钱，这一句就有美感，也符合我的心境。没钱，困倒的英雄。

你不觉得我需要你么？我说。

需要，马莉说，你需要我是一个机器，一个器皿。

其实，马莉说，你需要的只是一个器官。

马莉已很偏激了。

我希望我能让马莉从偏激回归正常，看到更本质的东西。

我说，我无意了解他是一个什么样的人，更无意追究他有钱的来历，我相信，他不会因为你离婚、再婚，你知道我是一个对什么都无所谓的人，对你的出轨也一样。天要下雨鸟要飞，娘要嫁人，女人要出轨，一切随意。你可以继续，无所谓，你我他都不会在你们的继续中失去什么实质性的东西。

马莉不认识一样看我了。

别这么看我，我说的是实话，我真的无所谓。无所谓哪怕有一万个不好，却有一个好，就是，可以让宽容有更广阔的天地。

唔呃！马莉唔呃了一声，说，你很流氓啊！

流氓？我又一次感到意外了，极大的意外。我说，流氓是这么定义的么？

流氓在宽容的一方？宽容地戴着绿帽子的一方？有这么定义流氓的么？

马莉把烟头掐灭在手边的烟灰缸里，连摇着头，说：

唔呃！这么流氓！

我不仅意外，也吃惊了。我说，你可以把这件事说给任何人，听听他们的评判，朋友也行，闺蜜也行，你爸你妈也行，随便什么人。

越说越流氓了！马莉说。

好吧，我说，咱先把流氓放到一边，你确定你没有内疚，不会为自己羞耻么？

马莉说她没有内疚。马莉说她有的那一点羞耻也被我今天的说话埋葬了。我说不会的马莉。

我说，你会羞耻的。

我说，你可以不面对戴绿帽子的我，我之外呢？你无法不面对我之外的许多人，同事，朋友，闺蜜，父母，还有末末，正在成长的末末，你都很难坦然面对，只要我们的婚姻在，你就很难坦然面对，你就会有羞耻，会有难堪。

我说，你说到了器皿这个词，我也说一句，我真的认为我不会失去什么。

我说，我真的无所谓你有外遇，哪怕你是一个器皿。

我想结束这一次谈话了。我感到在这里结束比较好。

我说，好吧马莉，我们已经把流氓放在了一边，也把羞耻放一边吧。我说，外遇是一种短暂的刺激，是即时的欢情，与爱无关，也不是婚姻之外的爱情，它可以是一种友谊，比爱情少些、比友谊多些的一种友谊，却比爱情更显刺激、更复杂，也更单纯的一种人类情感。说它复杂，就在它难以厘清，说它单纯，是因为它不用负责。人为此鄙弃它，也因此对它有无限的向往。它很容易制造假象，尤其在婚姻疲软的时候，会误解它，甚至义无反顾地努力去拥有它，直到被它伤害，受伤害最大的，就是对它误解最深的那一位。

我说，想想吧马莉，你会不会是受伤害最大的那一位呢？至于婚姻和疲软的婚姻，我们有的是时间，可以继续说。

我就这么结束了和马莉的这一次谈话。

四十七

几天后，马莉点了一支柔和七星，像上次一样，说她想和我说话。我当然愿意和马莉说话，我想我给马莉说得那么多，应该能产生作用，也许已经产生作用了。我说好么，说么。我点了一支软中华。

马莉说，我把你说的话捋了几遍了，我这几天一直在想你说的那些话。

我说，你捋一遍我也会感谢的，证明我没有白说，也算我的付出有了回报。

付出？你的付出？马莉有些不明白。

我指着我的头，说，你朝这儿看，我估计你会以为我要说我的头发。不是头发，是头发的上边，头发上边的东西你是看不到的，却是真实存在的。我说，绿帽子这个词你一定听过，戴绿帽子的人你见过没有？你一定也见过，可是，你看到过戴绿帽的人戴着绿帽子么？我说，你不能说我戴了一顶绿帽子就是我的收获，你能这么说么？不能吧。收获和付出不是这么界定的吧？获得一个东西就是收获，丢掉一个东西就是付出么？不能这么说的。我说，先烈们成为先烈，是因为付出了生命，我们不能把我们的赞美我们的颂扬说成是他们的收获吧？他获得了一枚徽章，一个徽号，事实上，许多人骨子里就是这么认为的，你也是么？

马莉脸红了，好吧，马莉说，我承认我……

我说，别——

我及时打断了马莉的话。我觉得这时打断马莉的话更有效果。我说，你想说你承认你出轨了？不，你不仅出轨了，而且正在出轨，而且看不见收手的迹象……

马莉并没计较我的打断。马莉也截断了我的话。

马莉说，你可能忘了，你说你想和我说说外遇，你的原话是“只想”，应该不涉及我。

我说是啊，我没想涉及你，是你自己把自己涉进来的。你对我说“付出”这一个词很敏感。

好吧，马莉说，我现在想和你说另一个，“负责”这个词。你说外遇单纯，不用负责，言下之意就是婚姻有负责，我想听你说说，你对你的婚姻负过责么？

我说，看来，你在谈话里只想涉及我。

马莉说，你说你对一切都无所谓，我想问的是，对一切都无所谓的人能对他的婚姻负责么？

马莉呀，我说，看来，你对“无所谓”这个短语也很敏感，敏感就难免误解，对责任这个词也就不甚了了。我说，无所谓不等于没有，比如责任。我说，责任首先是一种意识，一种精神，主动的，或强制的。然后，责任也是一种能力，人的能力有大小，包括责任能力。这却不是意愿，而是一个事实，而且，还是一个坚硬的事实。同样面对婚姻的责任，乔布斯和我，默克尔和你，不可同日而语，没法等量齐观，只能是有一份力尽一份力，也只能是他所有的那一份，没法向他人租借。我不是抽象物，是很具体的，我对婚姻的责任能力也很具体，是努力过也尽了责任的。我说，我这么说你不会像上次那样“唔呃”，说“流氓”吧？

不不，马莉连摇着头。马莉说，我真不知道你是个什么样的人了。

马莉是实话实说。我相信马莉是实话实说。

我到底是个什么样的人呢？我也无数次这么问过我自己。我很希望能有一双智慧的眼睛能看穿我，穿透我，如果有灵魂的话，穿透我的灵魂，直抵幽深处的那个我，不偏颇，不歧视，给我公正的评价，并告诉我，让我能坚定自己，让我比现在更为彻底，也更为踏实地做我自己。可惜，没有这样的人，包括马莉。马莉也不是这样的人。

我到底是一个什么样的人呢？

我从不让我和“自尊”一类的东西挂钩。在某些时候，自恋可以让人感受到自尊，自恋就有自尊。在某些时候，在自欺的境地里，人可以找到自尊，除非不认可阿Q也有他的自尊。在某些时候，人是以自赞、自美树立自尊的。由自赞自美树立的自尊最牢靠也最有效，许多人和许多团体屡试不爽乐此不疲，瘾君子一样执着。自赞自美也称之为自我肯定，每一个人多少都有一点，否则，一大半的人类就得上吊、跳楼，或者喝老鼠药——还要不掺假的。

我更喜欢“自嘲”。鲁迅有一首自嘲的古体诗，我喜欢“破帽遮颜过闹市”这一句。马莉已经给我戴了一顶看不见的帽子。如果乱搞男女关系的女人叫“破鞋”的话，戴绿帽子的男人就可以称为“破帽”。

我觉得许多词可以从汉语词典里抹去，因为奇怪。比如“心疼”，合适的地方应该是医学词典，专指一种生物生理现象，心脏疼，心口疼，很具体，心疼就很含糊。我从来没有过因人因事导致的心疼，人文语境里的词汇也应该讲究科学性，文学作品里常有这个词汇，不但矫情，还会误导人滥用止痛药品。

我没有过“不安”，尤其和马莉结婚以后。安的本意是家里有个女人，我有了。

我也没有感觉“难过”的时候，省城的交通比县城危险许多，我拉着马莉的手过马路，面对如过江之鲫的车辆，我最多只等待三分钟。不过了，我说。我就拉着马莉的手，抛弃这一次“难过”。我知道我挣钱不多，我干脆把所有的都交给马莉，因没钱而有的各种难过，就此与我绝缘。间接经验告诉我，把难过的理由具体化，就会切实地感受到难过，比如，末末的学费，比如，换一套大些的房子。康德一生在一个叫柯尼斯堡的小城里自得其乐，就因为他有一种能力，把具体归纳为理论。

我是可以“激动”的，我是可以“兴奋”的，我对我看到的人事，包括书里的，从没有过漠然视之，我只是不愿代入而已。我对我经历的人事从没有过逃离，也没有漠然处之，我只是静观其变、随遇而安而已。许多人会混淆冷静与冷漠，我不会。我不反对别人说我冷漠，我自认自领的是冷静。“心静自然凉”这句话是有其科学性的，并非妄言。而且，静可以节省能量，节省食物，可以避免纷争，远离麻烦。真冷的人不会安静的，除非他在冬眠状态。

一次和二哥喝酒，他带来的一位朋友时不时看我一眼，然后说，你是冷血质的人。我怎么都觉得他是在骂我。

是么？我问了他一句。

是的，他说。

我说，我只听说动物有冷血的，人血也分冷热？他说分啊，还有温血的，不热也不冷的一种，你最多在不冷不热里。我说，好吧。我们喝酒吃肉。他喜欢啃猪蹄，一盘猪蹄他啃去一大半，啃得很潦草。我冷不丁给他说了一句：

你是浪费型的。

他认真纠正我，说，血型里没有浪费和节省之分。我说，噢么。我咋看他都是生下来就是浪费的一类。

我没拒绝烟酒，没拒绝女人。我有温度。我没有冬眠。

别费神了，我给马莉说，我是普通样的人，正常人。

四十八

马莉不认为我正常，她给我发短信，让我去康复医院。谁都知道，省城康复医院是专门收治精神病人的。马莉在报复我，因为我说她可能有神经官能症。

那几天，马莉一回到我们那一套一居室，就俯身，不惜趴在地上，在床底下、柜子下，在一切有缝隙的地方仔细搜寻，说她在搜寻我剪掉的指甲，说她找寻出来一些，没找完，要继续找，直到寻找到所有的，一个渣渣也不能少，彻底干净。她让我帮她挪柜子挪床，说必须找出来，不找出它们她心里硌硬。

我最近没怎么剪指甲啊，我说。

马莉说，你剪了。

马莉说，我看着它们飞到了各处。

我说，你把剪指甲说成打爆米花了。

马莉说，你真能给自己贴金。

马莉说，想着就让人恶心，指甲，爆米花……哇，你真能给自己贴金!

我说好吧，以后我不在家里剪指甲了，要剪我出去剪。

马莉说，你别恶心人了，好像你剪指甲是做工艺美术一样。

我说，美甲可以列到工艺美术里边，剪指甲属于美甲。

马莉说，美甲属于美容美体好不好。你见过谁在人前美容美体么?

我说好吧，我在没人看见的地方剪指甲。

我说，你没必要为几片指甲这么大动干戈，好像要打长津湖战役打世界大战了一样。马莉说，我是打抗日战争，是打解放战争，是土改。我笑了，我说好吧，你把我剪掉的指甲当成地主富农的浮财了。藏起来的金元财宝，找出来也算浮财。我想让马莉轻松一些，马莉一点也不轻松，也不愿轻松，紧绷着神经。我说，也许该找到的你都找到了，没有了。马莉坚持说有。马莉说，她总觉得找不到的那些好像在她的身体里一样。马莉这么说的时候好像浑身都很难受。

我没帮马莉挪床挪柜子，我给她发了一条短信。我说你可能有神经官能症，建议你去医院看看。

马莉很快就回了我一条短信：

建议你去康复医院。

还加了一句附注：

无聊也是神经病的一种。

我知道马莉在和我置气。我不能将错就错，就从网上复制了多条有关神经官能症的内容，并加了好几条附注：

1. 神经官能症有许多种，你可能属于强迫性神经官能症。

2. 我是在“百度”上查的。“百度”虽不靠谱，仅供参考还是可以的。

3. 正因为不靠谱，还是去医院的好，找最可靠的医生。

4. 我是认真的，你也应该认真对待。

还加了一句民谚：

小洞不补，大洞尺五。

马莉没去医院，马莉又找我谈了一次。

马莉说，谢谢你的关怀。我说不谢。然后，马莉就开始说了：

马莉说，你没爱过我。

马莉说，你从来没有。

马莉说，你只是看着我，看猴子一样。

马莉说，你猫一样嗅我。

马莉说，你没让我走进你的心里。

然后，马莉不再说了。

这一次，马莉没有抽烟。

马莉倚靠着窗台，两手向后支撑着自己。

我叫了一声马莉。我说马莉呀，我说，把你刚才说的话分行排列，就可以和诗媲美了。我说，走进一个人的心里，或者没走进一个人的心里，听起来好像很具体，好像还很有质感，实际上是一个空洞，没法操作，也没法计量，没法评判。我说，你说我没让你走进我的心里，难道你走到我的心跟前的时候，我把门关上了？我说，反过来，我要说你没让我走进你的心里，你怎么回答？我说，你不能推给我一个空洞，让我在一个空洞里寻找爱的证据。你应该具体，说出事实。

马莉说，我找不到具体的事实，也找不到细节。

我说，刚才你感谢我了，是不是？为什么感谢？是因为一个事实。为什么我说不用谢？也是因为一个事实。我说，和世界上所有的爱相比，我们只少一个东西，那就是接吻。为什么少了？是因为打嗝。是我们互相默许的省略。还缺少什么呢？抚摸么？性高潮么？注视么？惦记么？我们没有去爱琴海弹吉他，没有去拉斯维加斯体验输赢，我们没有戴安娜的跑车，可也不会遭遇谜一样的车祸啊马莉。如果我们真没走进彼此的心里，你会这么质问我么？我会和你平心静气地说外遇么？你想想，是不是这个道理。

马莉说，你无所谓的。

我把奥斯卡·王尔德的那句话给马莉念了一遍，并说明是名人名言，奥斯卡·王尔德的。我没念老子的“天地不仁”，因为我不信任马莉的理解力。

马莉说，是我多事了？没事找事？难道？

我说，人都有无聊的时候，无聊的时候容易渴望激情的刺激，让自己感觉到自己还没有彻底麻木，还没有在一成不变的庸常里沉没，还可以浮上来。我说，许多人都希望爱是一首诗，殊不知，诗里的爱不是让人享受的，而是让人向往的。即使是享受，也只是一时的。我说，爱是一首诗，失去爱也是一首诗，认清这一点，就认清了诗的本质——是不改变事实的抚慰、自慰。而抚慰和自慰是靠近欺骗的，不能当真。我说，真正的爱是日常的。日常的爱不在诗里，在日常里，在看似一成不变的庸常里，和洗衣机、菜市场、垃圾袋携手共在。

我和马莉的性事一如往常。

我不想，马莉说。

我想，我说。

马莉和我各占一半的理儿，我有想的权利，有要求做的权利；马莉有不想的权利，有拒绝的权利。解决的办法是，马莉侧身。

你觉得有意思么？马莉说。

有啊，我说，意思的单调和丰富，完全取决于当事人即时的状况，精神的，心理的，还有身体。

好吧，马莉说。

我们保持着婚姻几大要素的完整性。

四十九

我恨死你那个“噢么”了，马莉给我说。

什么噢么？我哪个噢么？我说。

在那一段时间里，马莉时不时就会突然对我冒出一句什么话来。

我恨死你说噢么了，马莉说。

我回想了一下，我说噢么的时候确实很多。我在很多时候都会说噢么。可是，为什么要恨呢？还要“恨死了”。马莉也说过啊。许多人都说啊。

噢么。什么都是噢么。噢么,好像在听。听清没听清,噢么。认可不认可，噢么。同意不同意，还是噢么，都是噢么。噢么，漫不经心。噢么，完全就是敷衍，马莉说。

因为对我说噢么不满，马莉无意中说出了一个隐秘的事实：每一个人、每一个群体、每一个民族的语言系统、词汇系统,都蕴藏着他们的性格密码。惯于用什么样的词汇表达自己,貌似无意识，实则有说话的技巧，更有内在的性格。如果说是人都有他的辨识度，语言就是最可靠的辨识度。

但我必须向马莉说明，我的噢么没有漫不经心，也不是敷衍。我所有的噢么只有一个意思，就是，无所谓。我已经说过，无所谓并不是什么也没有，具体到噢么，再补充一点，就是，无所谓里有部分的认同，无所谓前提下的认同。

五十

话是开心的钥匙。所以，我喜欢说话。尤其在马莉说“德林我们离婚吧”之后，尤其在知道了马莉有外遇之后，我更希望和马莉说话。能打开心锁的话需要理性，我信奉理性在说话中的力量。事实上，说话也是一门艺术，艺术品位的高低不仅取决于想象，也在于合适地运用理性的弹性。在我和马莉之间，我自以为我运用得很好。马莉的煎熬也证明我运用得很好。马莉虽然没有收回她的“德林我们离婚吧”，却也没再说过“德林我们离婚吧”。作为夫妻的标志，我们的性事呈现理性状态，不能一味地称之为疲软，我们都能照顾到彼此的需求和感受。

何况，我时不时也能约会小陈。

何况，看微信朋友圈，李不害杀人案正在准备开庭。

我不觉得这有什么不好。

我甚至觉得这样就很好。

一块腊肉挂在墙上，就是一个“薛定谔的猫”。说不定哪天就取下来，切成块儿，做成菜，吃掉。也许不取下来，就让它一直挂在墙上，是一块可能吃，也可能不吃的腊肉。

也许我们的婚姻正在经历瘙痒期，七年之痒，我们晚了多年。过了瘙痒期，马莉还会不会坚持她的外遇？还会不会再说“德林我们离婚吧”？我没问过，这涉及我们彼此的自尊，我不会问的。

也许马莉和我一样，在等待拆迁补偿。

马莉知道我的态度。我用不同的方式给马莉说过，有些是侧面提醒，有些像偶发的感慨，也会像马莉一样，冷不丁给马莉冒出一句或几句。

我说，爱固然重要，却也必须承认，爱在生存之上。

我说，没有爱毋宁死的人是极端的。

我说，你最好不要问我爱不爱你，有没有爱过你。我说我有你不信，我说我没有，你会悔断肠子。

我说，有许多东西不是让人追究的，因为没法追究，比如，有没有上帝？信就有，不信就没有。很可惜，很多人不明白，总是用这些无法追究的东西为难自己。

我说，有些人把自己陷入离婚的泥淖，是因为不愿意接受婚姻本身的缺陷。世界上任何东西都有它与生俱来的缺陷，先天性的，婚姻也一样。

我说，一个浑身上下都是修养的人，也无法美到无可挑剔。接受缺陷不是软弱，而是一种美德。死硬不接受缺陷的人是不可理喻的。

我说，拒绝缺陷就会拒绝一切，包括拒绝你自己，因为你也有缺陷。

我说，因为有缺陷就要剥夺它的生存权，让它去死，是残酷的，是没有人性的。让一切有缺陷的东西都去死，世界还能剩下什么？

我问马莉，我说，你是这样的人么？你会杀死自己么？

我说，你说德林我们离婚吧，我说噢么。我噢么的意思就是随便你。我懒得离婚。

我说，其实我也没懒到这地步，我只是拒绝无意义。

我说，彻底的离婚是不可能的，因为人是气息动物。

我说，彻底的离婚不是一纸离婚证，不是脱离法律关系，而是隔绝彼此的气息。

我说，气息不同于气味，气味可以消退，可以清洗，气息则不能。用什么样的洗涤剂、沐浴液也不行。

我说，你能忽略末末吗？能跳过末末吗？我能么？

所以，我说，以根本论，离婚是不可能的。即使解除法律关系，我也不会在你的生活里消失，我还会以各种各样的方式，残留在你的生活里，参与你的生活，不管你愿意不愿意。

所以，我说，离婚是不幸的。离婚的不幸也决定了新婚姻的不幸。

我说，误入婚姻也是不幸的，因为不是真正的婚姻，是一场因误会而有的聚会，它和外遇有些近似。

我说，聚会和气味有关，无关气息。解除这样的关系，不能叫作离婚，而是聚会的结束，然后，各自回家。

我说，我无意刺激你，是话赶到这儿了。

马莉你想想，我说，这样的话，离婚或不离婚，到底有多大的区别，有多大的意思呢？

马莉抱着肩膀，好像发冷一样，病了一样。

你真能扯啊，马莉说。

多亏你说的不是体香，马莉说。

马莉竟然记得许多年前的“体香”。

我说：

噢么。

五十一

我并不一味地好古薄今，我很信服现代科技的力量，一部手机就可以把整个世界搬上荧屏，任人观赏。总有一些聪明的能人，因为各种各样的原因，发明各种各样的技术，让众生享受。这符合造物的意志。

手机智能化以后，我的阅读就分为纸质和手机两个部分。手机阅读更直接，更便捷，全天候，各种场合，且形式多样。我可以追踪天气，消遣各种八卦。可以看俄罗斯总统秀肌肉。美国总统的女儿伊万卡竟可以如此漂亮，美到让人窒息。我甚至可以预估许多年后，如果伊万卡成为美国的第一位女总统，这个世界该有多么奇妙，多么诡异。黑人留学生和我们女大学生的那些事儿匪夷所思，又情理之中。我把我们女大学生和黑人留学生约炮或做爱的聊天截屏看了好多遍，虽然没有《金瓶梅》的文采，却是正在发生的非虚构。这岂止是百年未有的一个时代，人类历史上从来就未曾有过，惊叹或者哀叹，幸运或者不幸，只是因人而异。

我在惊叹和幸运的一边。

我拒绝了小学同学的鼓动，他建议我捡起小学时的爱好，重新吹笛子。我小学时最想学的是二胡，初高中羡慕小提琴，没钱买，只能吹笛子。后来，那一支不到一块钱的竹笛，就和我父亲打铁的家伙一样的待遇了。进城后，干脆不知所踪。我无意在二三十年后再买一支新的，以此丰富我的生活。我觉得听别人吹比我自己吹更让我惬意，感谢万能的手机，可以让我听到全世界顶尖高手的吹奏。如果我要吹，我倒愿意选择箫。箫声有一种特别的忧伤，尤其在夜深人静的时候。人有时候就需要忧伤，用忧伤取悦自己。何况，“玉人何处教吹箫”，还有那么一点暧昧。而忧伤，又可以让人感受到一种舒服的孤独。

黄色视频虽然直观，却简陋，简陋到粗鄙，不给想象以空间。如果要看性爱视频，我更愿意看文艺片，比如《色·戒》里的梁朝伟和汤唯。

李不害是不一样的，和我在手机上的任何阅读都不一样，他是我的邻居，叫我叔，他把他弄成了一个社会事件。

马莉对李不害没有兴趣。马莉很忙，早出晚归，一脸疲惫，兴奋的 mini 小包包也有了几分倦色。

我给二哥打电话，问他能不能找关系去法庭旁听。二哥说不用旁听，肯定死翘翘。二哥说看手机更有意思，法庭上有的没有的，手机上都会有。二哥是对的。我就看手机。

实话说，我感兴趣的并不在李不害的死活，而是控辩双方对李不害及李不害杀人事件的描述。如果李不害和李不害杀人事件是一本书，他们已经翻来覆去细读过许多遍了，还有书外的问询，各种各样的问询，包括对作者本人的问询。而这些，又都会成为他们要李不害必须死，或李不害可以不死的理由。这和要一本书必须消失，或可以存活，是一样的。而我恰巧读过这本书，还知道一些书外的情节。

既然阅读过，说的又是同一个事实，还会有阅读的兴趣么？有的，兴趣就正在同一个事实会有不同的描述。或说，这是法律不是小说啊，怎么会有不同的描述！会的，非小说的司法也会的，哪怕是大同小异，而我阅读的兴趣正在这大同小异之中，小异里的变化多端，大异其趣。何况，是杀人的，是我知道的，亲眼目睹过的杀人。何况，要从杀人里定夺杀人者的生与死。会不会有我意想不到的呢？会不会有山重水复之间的峰回路转、柳暗花明呢？如此等等，我的邻居，我熟悉的李不害，会不会如二哥所说的“肯定死翘翘”，倒在其次了。

因为司法的程序，也因为不时地删帖，这一次的阅读不如预想的那么顺利，却大体完整，且惊奇不断。比如，作为控方的国家公诉人向法庭宣读的起诉意见书虽文笔简陋，完全公文套路，甚至还有不同的文句，用错了标点，却不失其精细的用心，让我脑洞大开。比如对李不害杀人一案的概述：

“……正值农历年三十，家家户户男女老幼都在欢度春节的喜庆祥和的气氛中，被告人李不害举起屠刀，故意杀人，故意损坏财物，作案手段特别残忍，情节特别恶劣，危害后果特别严重，引起了当地人民的惊愕、恐慌，更是引发了全国人民的震惊和广泛关注。”

两个“故意”、三个“特别”之外，更让我知道了，杀人者选择杀人的日子很重要，关乎定罪的轻重。

辩方律师谨慎指出，选择这一个日子，只是要在金家父子恰好能“在一起”的时候，动机极其单一，没有其他的想法，更没有伤害人民群众、危害和谐社会的主观故意。

可是，哪一个更近于事实的真相呢？

能说出的，能描述的，只是事实。真相在事实里，却无法描述。这倒是同一个事实会有不同描述的真相。

如此这般的还有很多。

五十二

李不害案公诉版

控方对李不害杀人事件的描述弥补了我记忆的许多缺失。比如，“被告人李不害头戴黑色长檐帽，面戴深色口罩，脖缠粉色T恤，身穿绛色棉衣……”

在我的记忆里，李不害杀人时的穿着是囫囵的、模糊的，抢眼的是他手里的榔头，矫健的身段，快捷的腿脚。黑色长檐帽？深色口罩？粉色T恤？在脖子上？绛色棉衣？捂着口罩么？好像捂着的。为什么给脖子上缠一件粉色T恤？但是，好像是缠着的。

对李不害杀人过程的描述和我的记忆完全相符，先用榔头砸倒金雷，再砸倒金电，用尖刀割喉，并连续捅其要害部位，致其当场死亡（现场的我不能肯定金电是否当场死亡）。再返回，用尖刀捅刺金雷，割喉，致其当场死亡（现场的我同样不能肯定金雷是否当场死亡）。再蹿入金疙瘩院内，用同一凶器、同样的方法，致金疙瘩当场死亡（当时的我并未看见这一杀人情节，更不能确定金疙瘩是否当场死亡）。再返回烧车。

这一节的特别之处是“二十多位群众目睹了被告人李不害杀人害命、毁坏财物的全过程”，是以现场目击者的视角描述的，有不厌其烦的啰嗦，也有不容置疑的现场感和可信度。

然后，是呈堂证供：

李不害所穿衣物上被害人的血迹。从李不害指认处打捞出的作案工具，榔头和单刃尖刀，并两人以上的血迹，“该隐蔽性证据”证明为李不害作案时所持凶器。烧毁车辆上的痕迹。现场勘察报告。尸检鉴定报告。证人证言。李不害对其杀人事实供认不讳：我就是要杀死他们。所有证据证言和李不害的供述形成完整的证据链，证明李不害是连杀三人的凶手，是毁坏财物的罪犯。

然后，是基于事实的定性及量刑建议：

本案是一起有预谋、有准备的暴力犯罪。

被告人李不害通过暗中观察、私下访寻等各种手段，观察了解掌握被害人一家的活动规律，精心选择作案时间，先后购买榔头、单刃尖刀为作案工具，并准备长檐帽、口罩、T恤等物品以伪装自己，作案意图明确，准备充分。

本案是一起手段极其残忍、社会影响极其恶劣的恶性案件。

被告人李不害使用榔头分别猛击被害人头部，用单刃尖刀分别对已失去反抗能力的被害人实施割喉，对其致命部位反复捅刺、补刀，致三名被害人当场死亡。尸检表明，被害人金雷身中二十四刀，金电身中九刀，七十多岁金正平（绰号“金疙瘩”）身中十六刀。足见被害人杀人意志之坚决，作案手段之凶残，在中国人最为看重的节日春节来临之际，大多数民众已回家团圆之时，光天化日、众目睽睽之下，老弱妇幼眼目之前，刻意伪装，嚣张行凶，连杀三人，制造恐怖，给当地人民群众的心理蒙上阴影，引起一方社会的极大恐慌。

被告人李不害主观恶意极深，罪行极其严重。

李不害多次供述，他要杀死的是金家父子四个，而不是三个，只是金家二子金风因故未回，侥幸躲过凶刃。杀人后，李不害先潜逃，后投案，据其供述，选择投案是因为没钱吃喝，否则“能跑多远跑多远”，并非主动接受法律制裁。到案后又故意误导侦查，尤其误导对杀人凶器的打捞，恶意浪费司法资源。时至今日，李不害仍然不对被害人亲属道歉忏悔，坚持“为母报仇，报仇有理”，认罪却拒不悔罪。

综观全案，被告人李不害蔑视法律，暴力犯罪，故意坚决，主观恶意极深，且拒绝任何悔罪，属于罪行极其严重的犯罪分子，虽有自首情节，不能成为对其从轻处罚的支持，应依法予以严惩。

起诉书念到这里，就几乎已经决定了李不害的死翘翘了，法庭上的李不害会不会跳起来呢？网上很快就有了描述现场的帖子，法庭上的李不害没有跳起来，听到“应依法予以严惩”时，一直很安静的李不害看了公诉人一眼，抿着嘴唇，笑了一下。

五十三

李不害案辩护版

为李不害无偿辩护的两位律师，是外省一家有名的律师事务所指派的。他们的辩护是小心的，也是细腻的。

他们首先请求允许对三位逝去的生命表示哀悼，对被害人家属表示深切的同情和慰问，也郑重声明：

“今天的辩护意见不能在任何角度或任何意义上被解读为对逝者的不敬，或挑衅，也不能在任何角度或任何意义上被理解为对暴力的推崇，或讴歌。”

因为是有罪辩护，律师也诚恳地告知法庭，对公诉意见书陈述的李不害杀人事实部分不表示异议。

“我们的辩护基调不是铿锵的，而是悲怆的，向法庭表达的不是强烈的要求，而是柔软的恳求。”

他们把李不害杀人事件扩展到了二十三年之前，李不害杀人事件，就和公诉意见书的描述完全不同，是一个悲怆的血亲复仇的故事。

时间必须回到二十三年之前。这一年,李不害年仅十三岁,眼睁睁看着金家父子棍杀母亲，母亲就倒在他的怀里。他眼睁睁看着母亲在他怀里吐血，断气，死去。其后，又眼睁睁看着母亲的尸体在马路上被公开解剖，头皮被人割开，头骨被人锯开,现场几百人,看热闹一样围观。如此暴力血腥的死亡,如此惨绝人寰的场面，对一个年仅十三年的少年是毁灭性的,除非他长的不是人心。童年时遭遇如此巨大的精神、情感和心理创伤，其长大成人几乎不可能长成健全的人格，更容易造成一种严重的心理疾病,心理学称之为“创伤后心理障碍”,其主要症状就是“记忆侵扰，受创时刻的伤痛记忆萦绕不去,出现严重的触景生情反应，感觉创伤事件再次发生”。

李不害供述,“眼睛一闭，当年的情景就浮现出来”，“经常梦见我妈死去的样子”。这样的症状一直伴随着李不害，长达二十三年，直到他对天呼喊出“我妈的仇终于报了”。

这样的心理创伤和精神折磨所激发的仇恨能量常人难以想象。从母亲被打死的那一刻起，仇恨的种子就已埋下——

“我只有十三岁。我当时就想弄死他们。我看着我妈鼻子口里都是血，我就发誓一定要给我妈报仇。”“我大声给我自己喊，我不报仇就是狗日的。”“我一看到金家父子，就想扑过去，弄死他们。”“我去外地打工，就是不想看见他们，我怕我把不住，弄不死他们，反倒被他们弄死。”“我时不时就想着要弄死他们。”

二十三年，李不害一直经受着心理、精神病症的折磨，被仇恨裹挟，被复仇的冲动鼓动。

律师曾申请对李不害进行精神鉴定，没有获得法庭许可，李不害也拒绝精神鉴定。律师认为，李不害本人的拒绝，并不证明他没有严重的精神心理病症。李不害的朋友和同学的证言，也不能证明李不害没有严重的精神心理病症。可信的证明，只能来自科学的精神鉴定。

李不害即使是一个正常人，也是一个被仇恨之火烧烤着的人，烧烤了整整二十三年。

李不害也是一个不幸的人，整整二十三年的时间里他病态的仇恨没有纾解的渠道，没有得到应有的关怀，亲人的、社会的。他没有组建家庭，他说他“就是要报仇”，他不想连累别人。他的父亲知道他时刻有复仇之心，时刻都会走极端，却从未有过一句解劝。他的姐姐也怀有血亲之仇，她对李不害偶尔的解劝无异于火上浇油。

李不害至今都认为，二十三年前的审判是不公的。

他认为，“金电替他爸他哥顶罪了。”

而且，“判轻了。”

他说，“金电只判了七年，只坐了四年就出来了。”

他说，“没人为我妈报仇。”

他说，“金家没人道歉，只赔了一点钱。”

他说，“赔这一点钱是对我妈的侮辱，也侮辱我和我们全家。”

李不害也是一位为国家尽了义务的复转军人，两年军旅生活也没让他熄灭复仇之火。

这就是二十三年里的李不害，从十三岁到三十六岁的李不害，每天都可能走极端，杀死他要杀死的人。他认定金家父子都是打死他妈的凶手。

他说，“金疙瘩没动手，可他说往死里打，打死我顶着。”

“他们都是打死我妈的凶手，他们四个，可惜，金风命大，让他躲过了。”

律师的辩护虽然小心，却不想漏掉任何一个关键，他们婉转地告知法庭，李不害没有制造恐惧和危害社会的故意，现场的人都知道李不害在为他妈报仇，公诉意见书也说了，“二十多位群众目睹了被告人李不害杀人害命毁坏财物的全过程”，他们没有因为害怕而逃跑。期间和其后，还有人为李不害竖大拇指，只是不愿公开承认罢了。甚至有人说，“李不害到底当过兵，性硬，是个男人。”

律师说，列举这些，并不是要赞扬李不害的复仇，事实上，我们谴责一切暴力犯罪，我们只是要证明，李不害只是要杀他认为的仇人。李不害给现场的人也说了，他只杀仇人。他说到做到，他没有伤害金疙瘩的老伴。尽管很容易。

我也是现场的目击者。看着律师的辩护词，我仔细回想了一下那一天目击时的情景。不能说杀人不可怕、不惊悚，却也真的没感到那么可怕，因为知道不会杀到我，我是安全的，可以放心观看。当场给李不害竖大拇指的人也许和金家人有过节，怀有不满，也许是真心佩服李不害为母报仇。世上有多少心怀复仇的人，真能不顾死命复仇的却没有几个。

连杀三人，凶残的场面超乎常人的想象。可是，有不凶残的杀人么？有的人来世间一场，就是为了做一样事情，如李不害，做一件能让人记住的事情。因为有李不害这样的人，平庸无奇的社会才有了涟漪，或者说，庸常社会里的一些涟漪是李不害这样的人搅起的，使无聊成为有聊，并激发起“聊”的激情。

更多的人来世间一趟，就只是来一趟，然后离开，从此再无声息。

这么想着，印象中有些寡言，也有些羞怯的李不害就在眼前活泛起来，甚至：

“我想养兔，安哥拉长毛兔那样的”，他说。

他在法庭上。他听着控辩双方对他的公诉和辩护。

五十四

公诉人否认二十三年前李不害母亲被伤害致死一案存在

司法不公，并出示省市高、中两级法院司法文书为证。两级法院审查认定，二十三年前，案件判决依法有效，对社会和媒体质疑的问题亦逐一核查，依法裁定，二十三年前案件以故意伤害罪定罪适当，不存在顶包无疑，金电作案时系未成年人无疑，判处七年有期徒刑量刑适当，赔偿款数额确定依法有据，金电服刑被准予假释依法有据，无有不当。检察院经调卷审查，未发现两级法院判决和裁定有任何不当之处。李不害家人在本案案发之后，对二十三年前案件判决提出质疑，并诉诸媒体，目的不在所谓寻找司法公正，而是为李不害杀人犯罪寻找借口。

公诉人不认可李不害有精神心理疾病。李不害长期生活不如意，想争强而不能，对社会产生强烈不满，形成反社会人格。李不害以其荒谬的逻辑认为，他所有的不如意都是因为金家人致其母亲死亡，遂以为母亲复仇为幌子，选择金家人作为宣泄愤懑不满的对象，逃避自己的现实困境，杀人害命，走上反人性、反社会的歧途。

公诉人认为，极端自私的个人恩仇决不能凌驾法律之上，成为杀人害命的理由。即就是为母复仇，其杀人行为也是我国刑法严厉禁止的犯罪行为，任何人都无权以法律之外的手段惩罚他人，剥夺其生命。如果人人都以正义的复仇为借口，罔顾法律，滥用私刑，社会何以稳定，何以安全！所以，连杀三人的李不害绝不是什么为母复仇的英雄好汉，而是凶残的杀人罪犯，罪不可赦。

公诉人还认为，李不害凶残杀人一案已引起社会的高度关注，许多人通过网络发表对本案的意见。司法机关在勇于接受社会监督的同时，更应该坚持原则，实事求是，实现公平正义。我们已经向法庭揭示了本案的事实真相，也恳切要求法庭排除各种干扰，尤其排除网络谣言、标题党、仇恨煽动的有害信息的干扰，对本案公正判决在实现正义的同时，也给人民群众一次有益的法制教育，并证明司法的公信力。

对检察院起诉指控的事实和罪名，辩护律师并没有异议，他们认同法律对李不害的犯罪给予制裁。他们辩护的目标在量刑。

我实在有些同情律师了。到这个份上，他们还能起死回生？

他们不放弃“为母复仇”，守中有攻。针对公诉人“即就是为母复仇，其杀人行为也是我国刑法严厉禁止的行为”，他们是这么说的：

现代法律之所以禁止私力复仇，是因为提供了司法，问题是，作为公权力的司法并非无边无际，其伸张正义必然存在各种各样的局限。当公权力的司法不能平复或缓解受害者对正义的焦渴之时，复仇就有了它一定的可谅与可恕的空间。

他们说，国家法应该适当吸纳民间的正义情感。司法在追求正义的过程中如果完全摒弃民间的立场，完全忽略当事人个体的感受，就有可能导致正义的错位，甚至窒息正义。

他们说，二十三年前的悲剧和二十三年后的悲剧，有内在的因果。二十三年前司法对李不害及其家人渴望正义的忽略，某种程度上，正是二十三年后悲剧的原因，尽管不是原因的全部。

他们说，李不害复仇之前，从没有过任何违法犯罪前科，可以证明李不害不是一个危害社会的人。李不害的复仇导致三条生命逝去，也有他节制的一面。李不害杀死金正平时，金正平的老伴就在院中，李不害并未对她有任何的伤害。在李不害的思想里，金正平的老伴与二十三年前的案件无关。

李不害的复仇并没有，也不会外溢到伤害无辜。

他们不惜拉来中外历史中有关复仇的纪事，文学作品中对复仇的表现，为他们做辩护的支持。他们说，复仇是人类永恒的话题，是人类共同的精神食粮，就因为他们对人性复杂的尊重，才有对复仇之于人类情感的书写。他们说，中国传统司法事件对复仇案例多有从轻发落，甚至写入了法律，正是司法对民间情感的适当吸纳。他们讲述了宋代的一个复仇故事，记在《宋史》里的：

> 民女甄婆儿之母刘氏，因为纷争冲突，被邻居董知政击杀。甄婆儿外居避仇。其妹尚在襁褓，托人乳养。甄婆儿不忘母仇，又见不上时常惦记的妹妹，愤而悲泣，谓其兄:“母为人杀，妹流寄他姓，大仇不报，何用生为！”寒食节那天，甄婆儿具酒肴于母坟前恸哭，回家取斧头藏于袖中，往见知政。知政与小儿戏，婆儿出其后，以斧斫脑杀之。地方官向上禀报，太宗念甄婆儿为母复仇，特予宽赦，可谓情法两尽。

他们又讲述了一桩就近的司法判例：某地一位女性老人，街上摔倒受伤，彭某见状上前扶起送医，并给予二百元以助，反被老人以将其撞倒的罪名告彭某于法院。法庭以彭某送老人就医并给予二百元为证据，最终判决彭某补偿老人费用四万元结案。法官一句“不是你撞的，你为什么要送她去医院”已成为传世名言。遇困不扶、见死不救更成为令人痛心的社会风尚。

然后，他们又回到了李不害。

五十五

李不害案法庭判决

李不害是一个大奸大恶的人么？显然不是，律师说。他们向法庭出示了证人证言：

邻居也是李不害的同学张某说，“李不害不打牌不喝酒，偶尔抽一根烟，不惹事不乱花钱，自尊心很强，很爱干净，衣服都是自己洗。”

朋友也是李不害的工友曾某说，“李不害和工友相处很好，没有矛盾，也没有发生过冲突。李不害这个人比我节俭，不乱花钱，也不到处玩。”

前同事梁某说，“李不害和大家相处都好，没发生过矛盾。他这个人做事认真，对人也大方，有人请他吃饭，他也会请。他和我都是集团那一年的标兵。”

就连金家的亲戚王某也说，“李不害平时很少出门，喜欢待在家里，对人挺有礼貌。”

当然，他们说，李不害也绝不是手刃仇敌的英雄，相反，是站在被告席上接受法律审判的被告人。我们再次重申，李不害的行为在整体上是被法律明确否定的，我们并无异议。我们期盼的是，这一次的司法判决既能承载法律的威严，又能闪耀人性的光辉。我们诚恳请求法庭，能够体谅人性的软弱，以珍贵的慈悲心和同理心，刀下留人，给李不害一条生路。

这已经是一种求饶了。

我险些被这样的辩护打动。

我又上翻手机，把公诉意见书重新阅读了一遍。我能想象出公诉人面对求饶的表情。而李不害是不悔罪的，也拒绝精神鉴定。如果把这一出移植成李不害和公诉人的对话，就可能会是这样的：

你知罪么?

我杀人了。

后悔么?

不后悔。

为什么?

我妈被他们打死了。

那是二十三年前的事。

我为我妈报仇。

那是二十三年前的事。

没有人为我妈报仇。

法庭判了刑的。

判得不公。

公不公不是你说了算。

最知道的人是我。

你可以上诉。

上诉了，还是不公。

那也不能胡来。

不是胡来，是为我妈讨回公道。

你没这个权利。

被打死的是我妈，我有权利。

你妈一个，你杀了三个。

他们都是打死我妈的凶手。应该是四个，有一个躲过了，他叫金风。

你可真是个执迷不悟的犟夙，病入膏肓，无药可救。

我没病。放我出去我还会杀金风的……算了，算他走运。我妈的仇已经报了，我的气也消了。

那就等着判决吧。

判吧。我没想死。要判死刑我也没办法。

至于律师说的民间法，公诉人两句反问就可以让他们肠断气绝：

国家的法律真像你们想象的那样没有考量和吸纳人民的情感么?

国家的法律有你们臆想的那么不堪、那么弱智、那么无力么?

我怀疑律师的求饶是他们的一厢情愿，没有和李不害通气。

他们的辩护是以名人名言作结束的，借用了黎巴嫩一位诗人的几段话。

中国有那么多名人名言，我想不出他们为什么要舍近求远，引用外国人的，而且，还是一个不起眼的小国家。当然，实话实说，那几句话都是好话，给我留下了深刻的印象。我把它们复制粘贴放在我的手机备忘录里。这是手机阅读的好处，如果是书籍阅读，要留下它们，就得用笔和笔记本，很麻烦。许多智慧的文字，就是因为嫌麻烦，看过之后，又风一样溜走了，了无踪迹。所以，我得感谢手机。

> 在你们身上多数是人性，还有许多非人性，是一个未成形的侏儒，在迷雾中梦游，找寻着自己的清醒。我现在想说说你们身上的人性，因为熟识罪与罚的只有它。不是你们的神性，也不是迷雾中的侏儒。
>
> ……
>
> 我常常听你们谈起犯了某个错误的人，好像他不是你们中的一员，而是一个闯入了你们世界的陌生人。然

而我要说，即使神圣正直之人，也不可能超越你们每个人心中的至善。同样，即使是邪恶软弱之人，也不可能低于你们心中的至恶。

……

宛如一片孤叶，未经大树的默许，就不能枯黄，那犯罪之人未经你们全体的默许，就不能为非作歹。你们就像一列向着人类神性而迈进的队伍，你们是坦途，也是路人。

……

若其中一人跌倒，他是为后人的跌倒，让他们小心避开绊脚的石头。他们也是为了前面的人跌倒，他们步伐虽然迅捷稳健，然而却没有移走绊脚石。

……

重读这些文字，我又一次感到律师的迂腐，他们太学究太掉书袋了，他们似乎忘记了他们是在严肃到冷峻的法庭。他们是在为一个为母复仇、连杀三人的被告辩护，要把他从死刑判决里解救出来，留一条生路，继续活下去。学究式的掉书袋能助他们一臂之力么？我很怀疑。

这就是我这一次阅读的大概。有两个完全不同的李不害，不，是三个。一个是公诉人描述的，一个是律师描述的，还有一个有血有肉的不用描述的李不害，站在被告席上，听着他们对他以及他暴力杀人的描述。这是现实中正在发生的真实，还是哲学家所谓的荒诞？甚或更近于小品里的滑稽？也许几者兼有。

李不害被判死还是判活，真不重要。

很快，没多长时间，我就读到了法庭的判决：

一、被告人李不害犯故意杀人罪，被判死刑，剥夺政治权利终身；犯故意毁坏财物罪，判处有期徒刑四年。决定执行死刑，剥夺政治权利终身。

二、作案工具榔头一把，单刃尖刀一把，依法没收。

我实在也能证明李不害的清醒。我又一次想起他来我家和我聊天，想借榔头又终于放弃的用心。几个月之后，我读到了最高法院驳回李不害的上诉，决定执行死刑的消息，然后，又读到了李不害被执行死刑前，和他父亲见最后一面的情景。

其实也就是一句话："爸爸，没事的。"那时候，我们家的拆迁早已偃旗息鼓，进入后铁匠炉时代也有了很长时间。

法庭的判决也是对社会各种质疑的回答，有效平息了网上的舆论，也直接助力了拆迁办的拆迁，我弟接连几个告急电话催我回家：拆迁重新启动，先从李不害家拆起，很快就会拆到我们家，许多人已经尿了，赶紧赶紧。

我就告别了依然在外遇里的马莉，回到县城，参与了我们家的拆迁。

五十六

我弟没有夸大事实。重新启动的拆迁速度很快。李不害家被拆了。李不害他姐家被拆了。紧挨着他们的几家也拆了。就这么一家一家，朝我家拆过来。曾经声称要和我爸坚持到底的人家，有几户已经泄气，在拆迁合同上签了字，搬进了过渡房。拆迁办的人个个都重新活了过来，法官一样趾高气扬。他们不再挨家挨户低眉笑脸地动员拆迁户了，在办公室坐等着想通了的拆迁户来主动要求签合同。他们胜券在握，信心满满地等着和钉子户做最后决战。原雀儿咀村居住的几个小区已几近分崩离析,飞鸟各投林了。每天都有铲车和挖掘机在铲,在推,在挖,满地狼藉。

我爸脸上的阴云一天天加重,心里的阴影面积可想而知。尽管他嘴里不说,若无其事一样,端着茶壶,不时喝一口酽茶。

我以为铁匠炉早支起来了,没有。我问我哥我弟,铁匠炉为什么还没支起来。我哥我弟不说话,努着下巴颏,用眼睛示意我问我爸。我爸在躺椅里躺着,不看我们,他看着外面的街道。他听见了我的问话,就是不看我们,也不回应。“呲——”又吸进一口酽茶,“咕咚”一声,咽下去了。

我用眼睛看我哥我弟还有我姐,回复给他们一个无可奈何的表情。我回来的第一次家庭碰头会,就成了长时间有声无言的面面相觑。

我哥起身离开了。然后是我姐。我弟也起身了,示意我跟他走。

我弟给我妈说,我哥不在家吃饭了,我拉他去个地方。

我弟把我领到了他朋友开的一家饭馆。我弟说哥哎,我们是命运共同体哦！我弟一进包房就这么说。我弟说今天他请客。我说我请。我说我请的时候心虚了一下，因为我身上没有现金，手机也没绑定银行卡，没有银行卡可绑。我弟说你别虚情假意，你二哥他们说你从不请人吃饭喝酒。我说他们都是有钱人，轮不到我请。我弟说你是知识分子，还是我请。茅台五粮液你别想，我请不起，我朋友的小店也没有。我弟要了半打二两一瓶的北京二锅头。

我弟说，李不害判死刑把人吓住了，都退缩了，咱爸好像也要退缩。

我弟拧开酒瓶，干喝了一口，立刻呛红了眼睛。我说菜还没上来，等会儿喝。我弟红着眼睛问我，你回来一看拆得乱七八糟瓦渣滩一样，是不是也打退堂鼓了？我说没有啊，我本来就没敲上堂鼓，也就没所谓退堂鼓，我看你们的。

我弟说没打退堂鼓就好，我把咱哥咱姐叫过来一起，既然是命运共同体，谁也不能当缩头乌龟。我弟就打电话叫来了我哥我姐。

没有我爸参与的碰头会很顺利。都同意继续原来的方案。我哥我弟负责盘铁匠炉，我负责调动激发我爸的激情。如果已经熄灭，就重新点燃。我姐说我呢，我不能闲着啥也不干啊。我哥说万一支起铁匠炉咱爸不到跟前去，你拉也罢推也罢把咱爸往炉子跟前弄。我弟说只要咱爸站到铁砧跟前，操起打铁的家伙，这出戏就真的开演了。

我说，咱也不能一味乐观，这台戏要是不按咱设计的剧本往下演呢？咱支铁匠炉打铁是给拆迁办的人看，人家不理会呢？一意孤行呢？我说这种可能性很大，李不害判死刑给拆迁办涨上劲了，站在上风头了。你打你的铁，我拆我的房，咋办？咱的戏就演砸了。白打了一堆铁家伙，卖都卖不出去。

我弟说，他们要耗时间咱就耗，每天只打一样铁器，和他们耗。他们耗不起，开发商等着开发呢。他们不谈判，就得硬下手。他们要硬下手，咱们就抄家伙。

我说，万一砸死人，咱可就和李不害一样了。

我弟立刻瞪圆了眼睛，看着我，嚅动着嘴唇，说不出话来。

我让我哥说。我哥说没啥说的，有尿没尿撑着尿。

我姐说，德林你呢？真撑起来了你呢？

我只能实话实说，我说我的情况和你们不一样，我是有公职的人。

我就这么一句，我弟突然发作了，“啪”一声，把手里的一瓶二锅头砸在墙上，用手指头指着我，快要指到我鼻子上了。

我算看透你了！我弟说，我早就看透你了！你自私自私太自私了你！

又转向我哥和我姐，说，你们说啊！你们为什么不当面说？他把咱当二尿傻女子呢！成事了有他一份，摊上事了与他无关。

你想得太美了你！又冲着我了。

碰头会就这么转向了，对着我了，他们三个。

怎么就和李不害一样了？他们问我。强拆犯法不？他们问。

你在县上有那么多关系，你为什么不找？你找关系还用支铁匠炉么？

你考大学上研究生，咱全家人为你脸上生辉，你为咱家做什么了？沾过你一根毛没有？一根毛也没沾过！

兄弟姊妹不和你计较，父母呢？咱爸住过几次医院，你回来过没有？你知道病房什么样？在医院还是在野地里？尿壶呢？在床底下还是在床头上？

咱妈喝了两年中药，你知道中药咋熬么？苦的还是甜的？

就这样的陈词滥调，他们三个。

他们太陈词滥调了。他们一贯陈词滥调，这一次不过集中发作而已。

随便吧，想说就说吧你们说，我吃喝。菜端上来的时候我就饿了。我就几口菜一口酒地吃着喝着，我一直在吃喝。

一个人被几个人或一堆人围攻声讨的情景并不陌生，书上有，也听人说过。比如“文革”时候的书生。有许多自杀了，因为受不了这样无端被围攻声讨的憋屈，因为还有比命还要重要的东西，觉得受这样的憋屈还不如去死，以此割席。更多的，活了下来，因为有活着的执念，也就能受难受辱。

秀才遇见兵，有理说不清，可以闭口不言啊，秀才不与兵语啊。

所以，我不会割席，何况，我需要我应得的那一份拆迁补偿。

所以，随便你们说，我吃我喝。

我哥终于觉悟了，说，算了吧不说了，说这么多都说给空气了。

我弟说是啊是啊，他把咱说的话当下酒菜了。

我说没关系的，你们可以继续说，你们还没说我尿床呢，没说我给咱爸咱妈瞪眼睛对着干呢。

我说，你们觉得你们说这些有意思没？你们把这些七零八碎的小不是集中起来否定一个人，有意思么？

我说，你们这么逼一个读书人，一个书生做他力所不能及的事情有意思没？

他们也觉得没意思了。我用筷子指着桌子上的饭菜说，赶紧吃吧，再不吃就凉彻底了。

他们都坐下来，和我一起吃了。

五十七

我哥我弟担心的事情没有发生。铁匠炉盘起来的当天我爸就入戏了。我爸拿起打铁钳，试了试打铁钳的开合，又拿起小榔头，在铁砧上敲出几声脆响，脸上的暮色一扫而光，就成铁匠大大了。

我哥使一把四棱铁锤，给我爸当下手。电气化时代，鼓风机早就淘汰了风箱，我弟就管电管鼓风机风力的大小了。我负责给炉子里添加钢炭。我姐添茶倒水。我妈买菜做饭。

一切都很顺畅，且符合分工即效率的经济学原理。当天就打出了两根撬杠，一把砍刀。我哥满头的汗水也洋溢着兴奋。

铁匠大大又回来了！我哥说。

我爸说是啊是啊，我以为我拿不动打铁钳了呢！夹不动了呢！

我爸好像回到了当年“大跃进”打铁的时候，那时候，打的就是撬杠和砍刀。每打成一件铁器，就挂在院墙上，锃光闪亮，隐隐透着杀气，这正是“铁匠炉”的设计想要的效果。

我当然知道生活不是戏台上的戏剧，不但会修改剧本，还会有意想不到的反转，甚至完全颠覆事先的设计。何况，“铁匠炉”只是一半的剧本，后续的情节怎么发展，更在于拆迁办。

拆迁办的反应远远超出了我的想象。他们对铁匠大大重新盘起铁匠炉一事视而不见，好像压根就没有这回事一样。没人围观，也没人问询，一个人也没有。邻居也没有。铁匠炉成了铁匠大大一家孤独的狂欢。有人来是在几天以后，也不是来围观，或者问询，而是来报信：

铁匠大大又回来了

来了来了！

来人失急忙慌地，冲我们喊了一声。

那时候，已经入戏很深了的我爸正在又一次五马长枪了，给我们讲述铁匠大大的过去——

铁匠大大不是一个人的，是几代人的，我爸说。你爷传给我，你爷他爸传给你爷，你爷他爸再往上就叫铁匠大大了。

我五岁就给你爷拉风箱了。我爸说，和你爷的徒弟一起，把炭火烧得通红。你爷手可有劲，一只手豁开打铁钳，从炉子里夹出烧红的铁器，上边眨眼一样闪着火星星。你爷把铁器放上铁砧，叮叮咣叮叮当，这就叫锻，我爸说。几个回合的锻打就成了想要的铁器，镢头，铁叉，菜刀，啥样的都打过，你们见过的都打过。也打过大刀长矛，给红胡子，也给白胡子，他们说拿去给天下人打天下。

不打也不行啊。我爸说，因为他们有枪，枪比铁器厉害。

你爷没挣到钱，我爸说，他们给你爷打欠条，可你爷没挣到钱。他们人马一走，你爷就把欠条撕了，扔了，说，粮子的钱不能挣。你爷说，打铁的人有铁打就是好光景，没铁打就恓惶了。

你爷也是穿长袍马褂的人。你爷不打铁的时候就穿长袍马褂，浑身上下一尘不染，你爷是爱干净的人。你爷咋看都像有钱人，不输方圆几十里任何一家财东。你爷打铁的时候穿粗布汗褂，没袖子，打完铁你爷就去后院洗身子，后院有一个大水瓮，几个淬火的水缸大，你爷在大水瓮里噗嗤噗嗤洗身子。

你爷也是念过学堂的人，识好多字。你爷他爸想让你爷念书做官。你爷说他不爱念书爱打铁，打铁人畅快。你爷他爸说好吧，那就跟我打铁。龙生龙凤生凤，老鼠儿子会打洞，人活一世由天定。

我爸说他喝酽茶是学的我爷，他看我爷喝酽茶的样子很潇洒，茶水喝进肚子以后就哈一口气，很舒坦。我爸说惩办我爷的时候我爷正端着茶壶喝茶，来人让我爷跟他们走，我爷就把茶壶递给我爸跟他们走了，再没回来。说你爷给反动派打造过兵器。

我爸说他爱看我爷打铁的样子。我没法和你爷比，我爸说，你爷那才叫把式呢，叫铁匠大大，你爷称，我不称。我也就是“大跃进”的时候真正打过一阵子铁，还是比不了你爷。

就是这时候，有人失急忙慌地从大门外跑进来，说，来了来了！

来人的口齿有些不清，我们听得却很清晰。

然后，就听见了挖掘机的声音。

然后，我就看见我爸和我哥的脸色煞白了。

我们都听着挖掘机的声音。挖掘机的声音越响越大，我哥举起的四棱铁锤停在半空中，定格了一样，我爸手里的打铁钳和小榔头也静止不动了。

我弟一步就跳出了大门，我也跟了出去。

拆迁办开来了三台挖掘机，三台挖掘机从不同方向朝我们家开过来，极其放肆。这时候，我也就看见了，几天的工夫，我们家已经没有邻居了。我们家在铁匠炉的剧情里虚情兴奋的时候，竟不知道世界的面目已全然改变。

他们真来了！

我弟好像自语一样。我弟的眼睛直直对着器宇轩昂越来越近的挖掘机。

挖掘机很快就到了跟前，举起长臂，张开铁爪，抠上我家的墙壁，用力一剜，好好的水泥墙，被抠剜出一个大洞。

完了！

我弟叫了一声，声音很轻，要不是在他跟前，我不会听见的。

我弟没有像他设想的那样操起家伙，一根撬杠或者一把砍刀。

我哥也没有。我哥的头没了力气一样，和他手里的四棱铁锤一起垂下了。

当啷一声，打铁钳掉了下去，小榔头歪倒在黑亮的铁砧上。我爸从铁匠大大的角色里完全蜕出，不再是铁匠大大。

我并非不能接受这样的剧情，只是不承想会结束得如此简约。挖掘机可以如此霸气！铁匠炉瓦解得如此惨烈，竟没有一点新意。

挖掘机不紧不慢，不温不燥，收回长臂又伸出长臂，每一下抠剜，都会给我们家水泥墙壁抠剜出一大片创伤，水泥碎块纷纷跌落。

我姐扶着我妈走出来了，一步一抹泪。然后是我爸。我哥紧跟在我爸的后边。他们两手空空。铁匠炉里的炭火正在熄灭，院墙上新打的铁器摇晃着，碰撞着，紧要时，就发出几声脆响。

停——

是我妈。我妈突然喊了一声。我妈甩脱了我姐的手，扬着胳膊，朝轰鸣着的挖掘机喊着：

停——停——

挖掘机并不停下。

我的柜子！我妈喊着。

锅碗！我妈喊着。

一缸醋还没吃呀么啊，啊啊！

我妈泪如雨下了。

我们家的二层楼终于倒塌成了一堆瓦砾。

五十八

我没想到我爸也会吼叫。我爸的那一声吼叫毫无征兆。

就在我们家二层楼轰然倒塌的前一刻，我爸好像被突然刺疼了一样，冲我妈吼了一声：

哭你妈的屄，你哭我的茶壶！

我妈没听见，因为我妈还在哭她的那一缸醋。

我哥他们也没听见，因为他们正在恍惚。他们从家里走出来以后就恍惚了。他们一直在恍惚里。人在恍惚的时候，唯一能听见的声音是空气。

我没有恍惚，所以我听见了。

不是吼，是吼骂。吼骂里聚集着无比的愤怒，鬓角的青筋要暴破了一样。也许不只是吼骂给我妈，还要吼骂给所有人。

我看了一下周围，除了开挖掘机的，现场的所有人只有我们，没其他人。

我也看了一下我们家正在倾斜的二层楼。

二层楼虽然在一下一下倾斜着，歪拧着，却不会立刻坍塌，还能坚持一会儿。

我冲了进去，抢出了我爸的那把茶壶。

我把它郑重地交给我爸。

我妈没听见，我说。

他们都没听见，我说。

茶还热着呢，我说。

我爸没看茶壶，他看着正在倾斜的我们家。吼骂时的愤怒已经没了，目光和我哥我弟一样恍惚了，一直到我们家的二层楼完全倒塌，激荡起一大片烟尘。

除了我爸的茶壶，所有的东西都埋在了瓦砾堆里，包括铁匠炉和打铁的家伙，新打成的铁器。没有谁想着把它们抢出来。我爸没有。我哥和我弟也没有。我妈和我姐更不会的。

只有我爸的茶壶。

茶壶是我爸从我手里抽走的。我爸从我手里抽去茶壶，转身走了。

我姐叫了一声爸，赶紧丢开我妈，跟了上去。

我爸走远了，我看见我爸举起茶壶，吮吸了一口。我姐已赶上他了。

我转过身，看见我哥也走了，然后是我弟。他们什么也没说，一句也没有。

三台挖掘机已不再轰鸣，停在新落成的那一堆瓦砾跟前，要守护它一样。

这就是我们家彻底消失时我看到的。

我以为我们家的铁匠炉时代已就此结束，进入后铁匠炉时代。没有，还要晚一些时候。

从一个时代进入另一个时代，仅凭物象是不够的，还有比物象更重要的东西，比如人的情感和精神。只有精神和情感连同物象一起，融合为一种风尚、一种秩序、一种伦理的时候，才能说到了一个什么什么样的时代。我们家全体成员站在我们家的二层楼跟前，看着它倒塌成一堆瓦砾，看着铁匠炉和打铁的家伙被埋进瓦砾堆里，很像一场无言的告别。可是，我爸偏偏吼骂了一声，吼骂出了他的茶壶。而茶壶，又是来自我爷的传承。这就使得这一场告别显得拖泥带水，很不彻底。

五十九

是我把我妈送到我姐家的。我爸我妈没了住处，去我姐家比我去我哥我弟家更少麻烦，这也是我的经验。

然后，就是我爸的胃疼和住院与我妈的头痛和拒绝住院。

那天晚上，我姐做了一桌简单的饭菜。我妈不吃，说她头痛。我爸也不吃，说他胃疼。我姐说家里有胃药也有头疼药。我爸说吃药不顶事儿。我说不至于吧，也许是因为那一口酽茶。我爸呛了我一句说，你是医生，得是？意思很明显，要去医院。

我想，头痛的病因远比胃疼复杂，风险也更大，要去医院看医生也应该是我妈，至少也应该一起住院检查。我爸又呛了我一句，说，你是医生，得是？我只能闭嘴。我妈坚决不去，说她比我爸耐受，受几天就好了。我爸说你要受就受，我得去医院。

好吧，那就我爸去医院，我姐在家照顾我妈，我陪侍我爸，我哥我弟两头照应。我给二哥二嫂打电话，第二天我爸就住进了医院。

按医生开的检查单一项一项检查，结果是，吸了一口冷气，没大问题。

我说，还是那一口酽茶引起的，喝得急了，吸了冷气，不用住院了。

我爸不吭声。二哥给我使眼色，让二嫂把我爸转到了康复科。

二哥说好长时间没聊了，出去聊聊。我就和二哥出去聊了一次。

二哥说，明摆着是要住院不是看病，你是看不出来还是揣着明白装糊涂？

我想了一下，二哥应该是对的。我爸的胃疼住院也是一幕戏，是铁匠炉剧情的反转。依二哥的说法，剧情发生这样的反转，完全是因为我的馊主意。

你咋就想出支铁匠炉打铁这么个馊主意呢？

不支铁匠炉他们会让我爸我妈上楼顶，与我们家的二层楼共存亡。

二哥说，拆迁户的套路嘛，示个威而已。

就是啊，我说，两个老人赖在楼顶上，应对无情的挖掘机，无威可示，还有风险。铁匠炉就不同了，有致命的家伙，自带威慑。

二哥笑了，说，事实呢？打脸了是吧？

我哥我弟尿了么，我说。他们没有他们自诩的勇敢，连一个勇敢的架势也没做出来。

你自己也没做啊。二哥说。你只想着让他们做，最好能吓住挖掘机。你想得也太美了。其实你最最希望拆迁办有慈悲心，给足补偿，可惜他们没人心，也没慈悲。挖掘机比他们还无情，你想得也太美了你！万一你哥你弟一时冲动了呢？李不害一样犯事了呢？要坐牢杀头了呢？你又看他们出丑了是不是？

还好没有。二哥说，难怪我那个朋友说你冷血，你还真有一点。

你好像不喜欢我那个朋友，二哥说，那天你和他说话很不投机。

二哥的朋友我无所谓喜欢不喜欢，我觉得二哥误解我了，我没想看任何一个人出丑，包括我哥我弟，更没想让我爸难堪。我觉得出丑不出丑完全是一种自我感受，是他们自己觉得自己出丑，丢人现眼了。他们以为他们自己会勇敢，关键时却没了勇敢，所以觉得出了丑，丢了脸面，恰巧我在现场，没想看，却看见了。我更没想着他们像李不害那样，也知道他们不会那样。我是读书人，知道人性的弱点。十几个鬼子就可以制服一村人，让他们去死，他们也就真乖乖去死了。一个民兵一杆枪，就可以堵住一村饥民，阻断他们讨要生活的路，他们不知道枪膛里并没有子弹，知道了也不敢出逃，因为拿枪的不是明码标价的土匪，而是民兵。他们说不清民兵和土匪为什么不一样，却知道的。这都不是虚构的小说，而是纪实。我怎么不知道呢？我哥我弟和纪实里的村民一样一样的。李不害只是个例。我爸也一样的。铁匠大大是打铁的，不是铁人。

我也知道我自己，我的生活字典里压根就没有勇敢，没勇敢也就无所谓怯懦，也就不会有我爸一样的尴尬和难堪，不会像我哥我弟一样，以为会勇敢，关键时却成了恍惚，然后又觉得出丑。没有勇敢并不等于不知道勇敢，不能设计勇敢，诸葛亮摇着羽毛扇指挥千军万马，孙膑干脆就是一个残疾人。能说蜀汉的失败是诸葛亮的失败么？齐国最终败亡的仗能记在孙膑头上么？这么说下去，会说出一本大书的，也许还是一本深入浅出、意味隽永的大书。我没想写书，马莉曾鼓励过我，我不写，因为我不想。我一个铁匠炉的设计只是演戏而已，还演砸了，写书就更是一个笑话。我不想成为一个笑话。

我倒理解了我爸的胃疼和住院。我爸在躲避别人看笑话的目光，也在躲避自己。人是一种奇怪的动物，能横冲直撞，也知道躲避。事实上，有许多东西是可以躲开的，或因为本能，或因为策略。我爸的胃疼和住院二者兼有，是本能，也是一种策略。管用么？管用。时间长了，发生过和没发生就差不多一样了。到了无感的时候，就完全一样了。我们把这叫作遗忘，人一辈子会经历多少事情，能记住的又有多少呢？所以，遗忘也是一种智慧。所谓历史的虚无与实有，也是这么来的。

我爸是对的。至少，是适合他自己的。

二哥说，你说得轻松，其实他们很难受的，你就不为他们心疼？

心疼有用么？心疼能让他们不觉得尴尬丢脸么？不但不能，还会加重。心疼往往是对伤口的触碰。我不会这么无理性的。我更不是二哥的朋友说的冷血，我有我的温度。我知道我有温度。别人能否感受到，感受到多少，就只能因人而异了。

二哥和我的这一次说话暗含着一种挑衅，我并不反感。我想起了一位诗人的几句诗：

其实我们知道
相通和理解只是一种愿望
我们会各自走开
留下石头
和阳光
其实朋友就是这么回事
只是在心境相同的时候
我们坐在一起

我们都很真诚

然后，我们走开……

我没给二哥念出这几句，我觉得没必要。二哥说不会就此了结的，你哥你弟会找你的，不信等着看。

六十

我哥我弟名为看我爸，实为找我撒气的那天，我已经有了足够的心理准备。他们一进病房我就给他们说：

我知道县医院的门朝哪开了，也知道住院部不在野地里。

我说，尿壶不在窗台上，用的时候端上病床，不用的时候在床底下。

我说，尿壶要病人掏钱买。病人和陪护家属的洗漱用品都要掏钱买。

我弟说，不是你掏的钱吧？

我说，你猜对了，咱爸掏的钱。

我说，你们放心，咱爸没大病，都是自己上厕所，用不着尿壶，一次也没用。

我说，咱爸把茶壶也拿来了，每天几壶酽茶。

我的意思是，一切都很好，也让他们知道，需要的时候我是可以像他们一样照顾父母的，并且不会比他们差多少。我爸确实端着茶壶，一脸云淡风轻的神情。转到康复科以后，他就这样的神情了。

我哥我弟对我的话明显没兴趣，一直阴着脸。

我说，我知道你们还在纠结，我说一切都很好不仅是说咱爸的身体，还有铁匠炉的过程和结果也很好。你们没有必要纠结。挖掘机没有停下来，也在我们事先的意料之中。你们没有急火攻心意气用事也很好。也就没人知道为什么会有铁匠炉，拿铁匠炉和我们说事，也避免了任何犯事的可能，给强拆之后的谈判预留了空间，至少，他们没有任何理由惩罚我们，不至于一分不给。所以，一切都很好。咱爸的好，你们已经看见了。你们从纠结里走出来，一切都很好就会成为完好。

我弟说，你要早这么说，就不盘铁匠炉演戏了，哪来的纠结！

我说，你们也别怪我的主意。铁匠炉是因为你们要咱爸咱妈上楼顶才想出来的。上楼顶和铁匠炉孰好孰坏当时就和你们说了，你们也认为好，所以才有了铁匠炉。我也没像你们想的那样超然事外，我参与了铁匠炉的全过程。炉子里的每一块钢炭都是我填进去的，淬火缸里的水也是我换的。我不拿着家伙对抗挖掘机是早给你们说过的。事实证明，你们也没有，尽管你们说要拿起家伙阻挡。你们甚至没想着拿出家里的东西，家里的每一样东西都是有感情的，有故事的，有的还凝聚着咱爸咱妈的心血。被埋之后你们也没想着去刨，也许能刨出来几样有用的。唯一拿出来的是一把茶壶，还是我冒着危险抢出来的。

我说，你们在现场啊，都看见了啊，在倒塌的前一刻！

我弟给我哥说，你听，他把他说成英雄了！

我不是英雄，我说，你们也不是。我和你们的不同只在于我不自嗨，自嗨我会怎么怎么我要怎么怎么，关键时又不能怎么怎么。

呸！我哥朝地上吐了一口唾沫。

我说别啊哥，这里是医院，要讲卫生。

我哥忍住了，没有再吐。

我弟说，你和我们的不同就在于你有一张会嘚吧嘚吧的嘴。

和马莉一样的说辞了。

我哥说，我鄙视你！

我弟说，铁匠炉就是一个笑话，架势很大，没挡住挖掘机啊！

我说，你们也没去阻挡啊！

啪一声。我爸把茶壶摔在地上了。我们被吓了一跳，立刻闭嘴。从此，铁匠炉就成为我们家的忌讳，谁也不再提起。

这才是后铁匠炉时代的开始。

李不害被执行死刑之后，我曾想过拿起家伙强行阻挡挖掘机的后果。我没有所谓的后怕。我也许会进去，却不会判死罪，在里边何尝不是一种生活？何况，我爸不是我爷，我哥我弟也不是李不害，我们谁都绝无进去的可能，活着，看别人进去，或者不进去。

拆迁办终于打电话叫我爸去给拆迁合同上签字了。我爸拖延了两天，不再住院，住到了我姐家。我住回了职中宿舍。再见到我爸的时候，我看见我爸新买了一把茶壶，喝茶嗞嗞有声。问我爸，签字没有？我爸说，咋也要拖他们几天。

六十一

一旦做出选择，尤其是令自己不愉快甚至沮丧的选择，人的自我解释系统就会立刻开始工作，为这样的选择寻找理由，让自己迅速从不愉快和沮丧中解脱出来。甚或相信，不得不的选择竟还是优胜的选择，相应的所有行为因此自洽。

我爸和我哥我弟已经自洽。

哲学也可以被视为人类为自己发明的一种解释系统，发现并解释人与世界，以证明和完成存在的合理性，合目的性，合审美的规则。

人为什么活着？怎么活着更符合人性？也在这一解释系统里。

尽可能处于安全地带，努力活着，是人和动物共有的本能。区别在于，动物只要活着，人还要给活着寻找理由，赋予意义和价值。这也是人有灵魂和精神的证据。哲学大部分的工作在这一区域，经验主义偏重对各式各样的活着进行归纳，以已有的经验首先保证活着而不至于毁灭，然后，争取更好地活着。在经验主义看来，无论出现什么样的状况，也要活着，是对生命的尊重，而不是相反，哪怕像动物一样活着。

有人说，这样的经验主义是动物主义。

我更愿意承认经验主义也是一种实用主义，因为经验主义的价值就在实用，不追逐甚至反对粗线条的宏大叙事赐给自己虚幻的兴奋。如果兴奋也是一种成就，虚幻又会把它拆扯成一地鸡毛。一个经验主义者不会为幻境而活，也正因为务实，经验主义者就会有他的岁月静好，即使在非人的境地，也能活出色彩和精彩。

所以，在胡适和鲁迅之间，我更认同从容儒雅的胡适。

也许，在激愤固执的鲁迅眼里，人的世界永无静好之日。鲁迅写了那么多世界的残缺，人性的扭曲，却没有写出好世界和好人性到底是什么样子的世界和人性，什么样子的活着才是好的活着。他大概是绝望的理想主义。因为理想，所以绝望；因为绝望，所以更固执地理想。一生的活着，为的是一个执念。同一个娘生的，他的弟弟周作人比他务实，“在不完全的现实中享受一点美与和谐，在刹那间体会永久”。

永不满足的鲁迅活了五十多岁，恨恨而死的。为执念而活着的李不害活得更短。在日常里扩展和寻找余地的经验主义者反倒长寿。

“好死不如赖活着”并不一味地负面，否则，自嘲也就会一钱不值。

不得不在非人的境地，并不是经验主义的过错，轮不到经验主义负责。

我爸和我哥我弟是本能的经验主义。我和他们的不同在于我的自觉和清醒；他们能感觉到危险，我不但能感觉，还有认知，我不会有情感冲动的意气用事。

我偶尔会去我姐家看看我妈，更多的时间是在职中的宿舍里思想和刷手机。

那天晚上，我无所思想，刷手机刷得有些无聊，就从宿舍溜达出来，不知不觉溜达到我们家的原址。那里即将成为建设工地，一根电杆上挂着一只大瓦数的灯泡，把一大片瓦砾场照得惨白贼亮。扩张的县城已进入睡梦，在睡梦里喘息，歇息，换气，偶尔的车声更显夜的安静。

我找到了我们家的那一堆瓦砾，想着不久前铁匠炉里的炭火，铁器塞进水缸里淬火时痛快又刺激的尖叫，好像已是隔世的事情。铁匠炉不会复生，经过短时的调适，生活在继续。还有比这更重大的么？没有。

就这样，在那片安静惨白的灯光里，我突然感到了一种从未有过的澄明。这种澄明无法用语言描述，也许做爱之后的那种轻松略近之。

我就想起了马莉。

好像真有感应一样，马莉发给我几长段手机短信，说我日常生活细节的：

你知道你几天刷一次牙么？你知道你刷牙有多么潦草么？你知道我看着你刷牙有多么难堪么？我不愿说出肮脏这个词。

你抠鼻孔已经成为一种恶习。我真不愿意想你的鼻孔里还有没有鼻毛，而鼻毛是阻挡细菌的。

你抠脚能抠到洗脚盆里的热水结冰。

你知道你多长时间换一次内裤么？你知道做爱时我有多少次想起它么？在你直奔主题的时候，我的眼前挂着你的一条不堪入目的内裤。

……

就是说，我的每一个生活细节里，都写着自私，不尊重别人，也不尊重自己。

我一连看了几遍，不仅没有任何反感和不适，反倒有些想见马莉了。不是因为性，是因为说话。想想，这么些年，马莉也许是我迄今为止遇到的最合适也最好的倾听者。

我也一晃而过地想到小陈。我觉得说话和做爱相比，做爱更近动物的本能，说话则更显人性。

既然拆迁补偿已经与努力无关，也就没有必要守在这了，还是回省城吧。

六十二

后铁匠炉时代的我们家一切安好。

我和马莉的婚姻依然是挂在墙上的一块腊肉，这也不坏。

2021 年 7 月—11 月 6 日

黄山，大鹏半岛，五山书院

2021 年 12 月 29 日定稿于黄山

后 记

2011年的《驴队来到奉先畤》之后，不再作小说，已十年有余。想来，直接的原因是2012年突如其来的抑郁症。每天都在每时每刻的焦虑与间歇性恐惧里度过，说生不如死并非夸张，又没有去死的勇气。绝望时从二十六层楼上往下看过几回的，终于没有纵身一跳，就依然焦虑着，恐惧着，生不如死。

2012年，实在是一个大的节坎。

这样的境况，能有的只是煎熬，岂止不能作小说。

洋药和中草药都用过，起作用的似乎是洋药。如果非要质问，“也用了中草药啊！”那也是确凿的，我也无心辩解。

三年煎熬，终于从抑郁症里爬了出来，依然不作小说，因为身弱心虚，也因为世界已不是之前的世界。现实里正在发生的人事，似乎比所谓的小说更小说，每一个更小说的人事，使小说家们的想象和笔力频显寡淡。如此，还有多少作小说的理由？

冀望岁月静好者似乎越来越多，自以为岁月静好的们在微信朋友圈的晒好也就格外显眼。这就给了我一个刺激，想探究一下静好们的静好以及何以能够静好。结果，就有了这一个《我的岁月静好》和能够岁月静好的德林，以及种种。

德林是要看世界的，却并不因为小说家们的寡淡和现实世界的魔幻。

在并不静好甚至疯魔的岁月里，却能拥有静好的岁月，是要有一些超常的能耐的，如有好事者愿意罗列，可以编一册指南或秘笈；仔细看去，既有静好们与时俱变的创新，更多的还是悠久的祖传。这也正是我们这样的国度适宜养育岁月静好的一个因缘。

德林应该属于知识阶级，不仅是岁月静好的拥有者，也是岁月静好的阐释者、光大者。“行年五十而知四十九年非”的，是圣人和圣人之徒，如德林。他的知识和智慧，及其合适的运用，令我感佩，也发冷，以至于惧怕，也时时怀疑着我自己，是没有静好的能力，还是抑郁症依然在暗里作祟——你以为你爬出来了，实则是一个抑郁症患者的妄想！

屋前河塘里的野鸭拍打着翅膀，给水面各划出一溜优美的弧线。正是屯溪的雨后，阳光鲜活，花草昂扬，红硕的凌霄，初孕的葡萄，一团团圆润又蓬勃的绣球——各样的生命都要静好到兴奋了，就连小区喇叭呼叫检测核酸的凌厉里也要跃出性感来。满世界不仅是冀望岁月静好的世界，也是拥有着岁月静好的世界。

我又有些羡慕德林了。我相信，在无论什么样的境地，他和如他一样的……们，是不会抑郁的，更不会焦虑和恐惧，都能拥有他们的岁月静好，而且，是不容置疑的。

壬寅夏日于黄山屯溪

杨争光

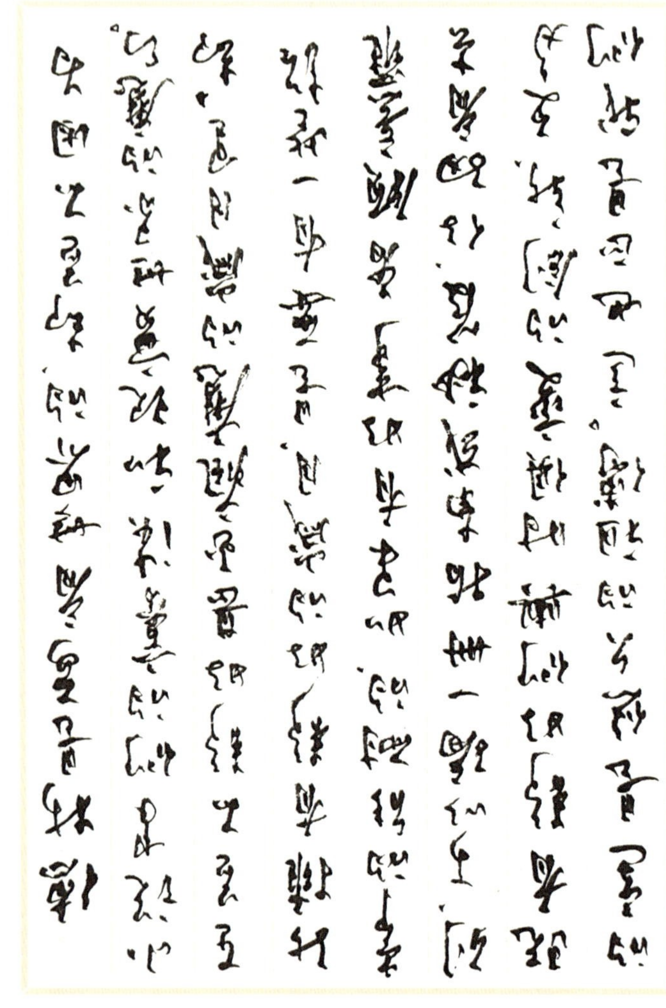

由，

覺得歲月靜好者似乎越來越多，自以為歲月靜好的們在微信朋友圈的曬好也就格外顯眼。這就給了我一個刺激，想探究一下靜好的靜好以及何以能夠靜好。結果，就有了這一個，我的歲月靜好和能夠歲月靜好的德林，以及種種。

這樣的國度適宜養育歲月靜好的
一個因緣。
德林應該屬於知識階級，不僅是
歲月靜好的擁有者，也是歲月靜好
的闡釋者、光大者。"行年五十而知
四十九年之非"的，是聖人和聖人之徒，如
德林。他的知識和智慧及其合適的
運用，令我感佩，也發涼，以至于惧怕，

也时时怀疑着我自己，是没有静好的能力，還是抑郁症在能去暗里作祟｜你以为的你爬出来了，實則是一個抑郁症患者的妄想

屋前河塘里的野鴨，拍打着翅膀，给水面刻出一溜優美的弧线。正是屯溪的雨后，陽光鮮活，花草日印搖，紅碩的凌霄，初學的薔薇，一團團圓潤又

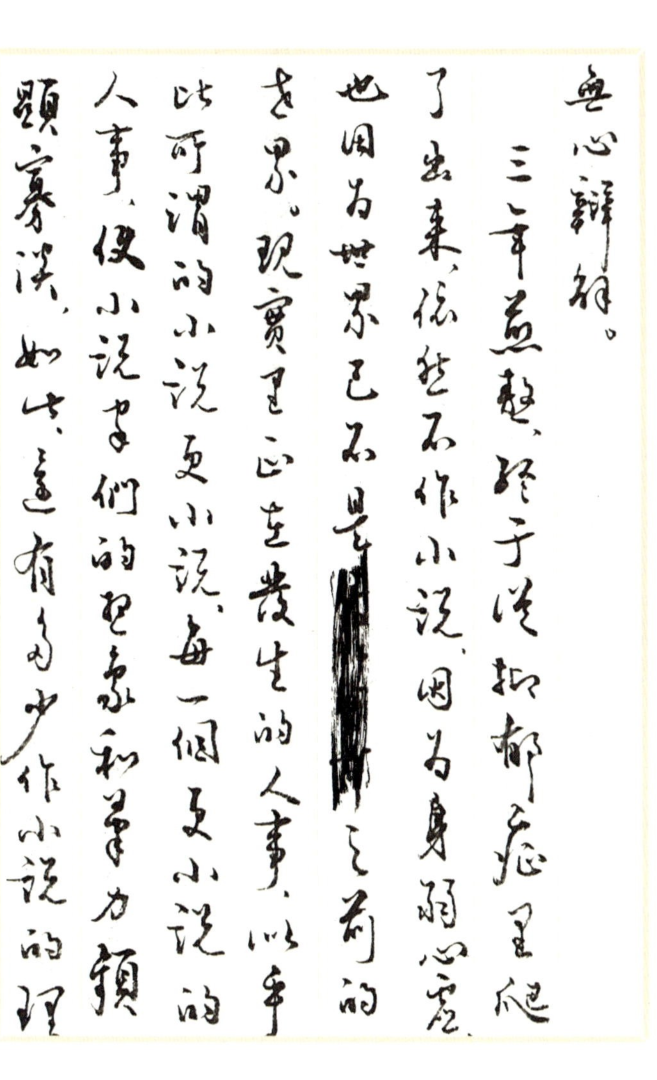

無心辯解。

三年煎熬，終于從抑鬱症里爬了出來，依然不作小說，因為身弱心虛，也因為世界已不是[crossed out]之前的世界。現實里正在發生的人事，以事比所謂的小說更小說，每一個更小說的人事，使小說家們的想象和筆力頓顯寡淡，如此，遂有了少作小說的理

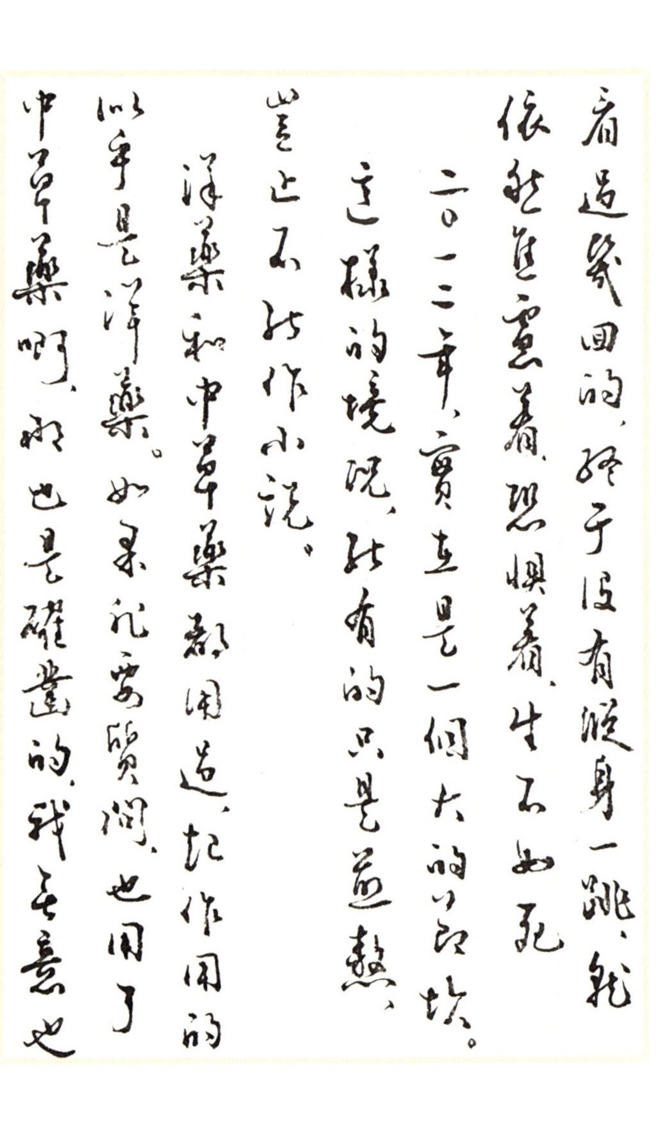

看過寄回的，好了沒有渾身一跳，就依然焦慮著，恐懼著，生不如死。

二〇一二年，實在是一個大的門坎。這樣的境況，我有的只是煎熬，豈止不能作小說。

洋藥和中草藥都用過，起作用的似乎是洋藥。如果說實際，也用了中草藥啊，那也是確當的，我在意也

蓬勃的绣球，各樣的生命都要静好的兴奮了，就連小區喇叭呼叫核酸檢酸的凄厉里，也要躍出性感來。這世界不仅是巢中藏月静好的世界，也是擁有着歲月静好的世界。

我又有些羡慕德林了。我相信，生無論什麼樣的境地，他和如他一樣的們是不忘抑郁的，更不忘焦虑和恐惧

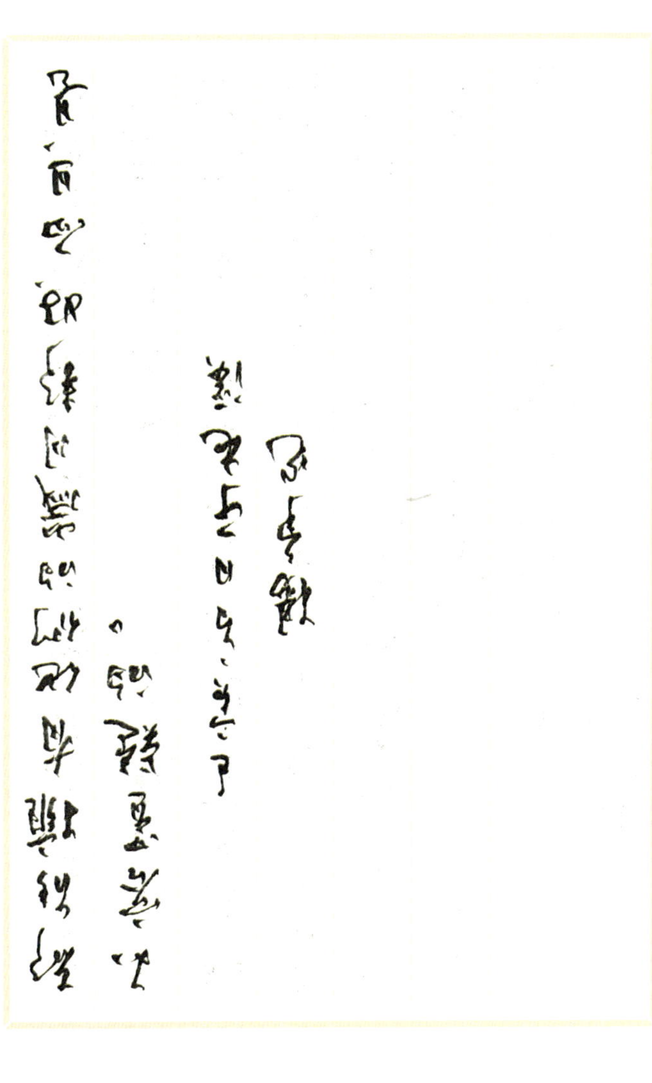

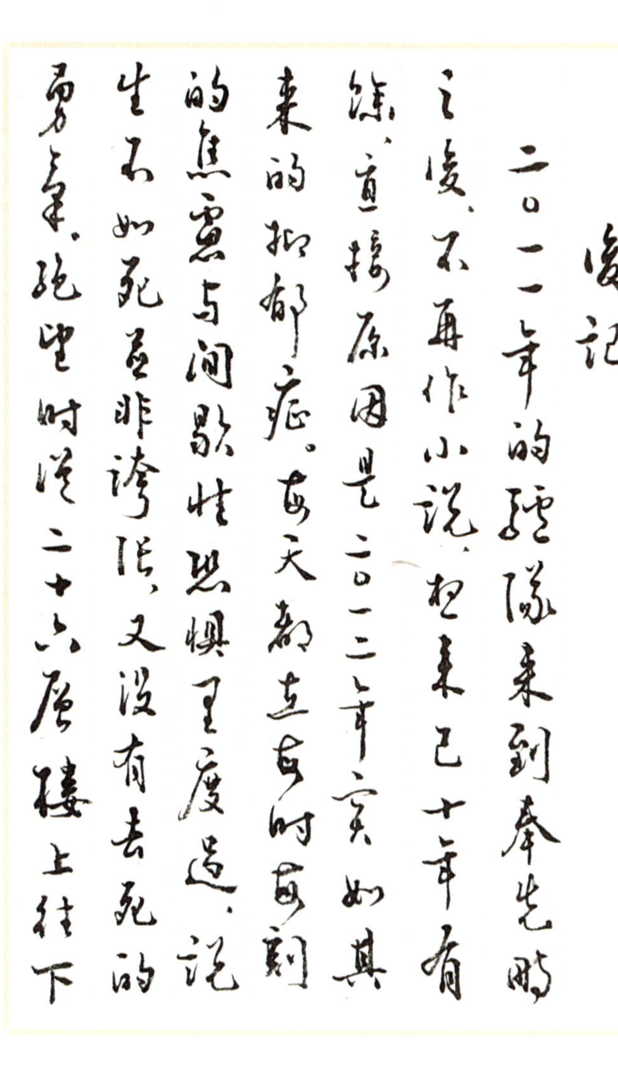

後記

二〇一一年的驼队来到奉先畤之後，不再作小說，想来已十年有餘。直接原因是二〇一二年突如其来的抑郁症。每天都处在每时每刻的焦虑与间歇性恐惧里度过，说生不如死並非誇張，又没有去死的勇气。絕望时從二十六层樓上往下